AF573007

JAPAN GESUND

日本
健康

Sarah Schocke

JAPAN GESUND

mit 50 einfachen Rezepten für jeden Tag
von Stevan Paul

Fotos von Andrea Thode

[Nihon kenkou]
JAPAN GESUND

Hölker Verlag

Inhaltsverzeichnis

日本 健康

Vorwort 6

Einleitung 8

Mittags 36

Snacks 64

Klassiker 80

Abends 108

Vorwort

Gesundheit ist einer der Megatrends unserer Zeit. Doch oft scheint es darum zu gehen, für eine gesunde Ernährung etwas weglassen zu müssen, etwa Gluten oder Zucker. Ein Blick auf die japanische Küche zeigt jedoch, dass du keineswegs auf Lebensmittel verzichten musst, sondern dass es lediglich darum geht, ein Gleichgewicht zu finden. Intuitiv weist die traditionelle japanische Küche durch ihre pflanzenbasierte Ausrichtung einen einfachen Weg in einen gesunden, ausgewogenen Ernährungsalltag. Das begeistert mich und auf diesen Weg möchte ich dich gern mitnehmen.

Diese natürlich gesunde japanische Küche hat mich dazu inspiriert, neue Rezepturen zu kreieren, in denen ich es mir erlaubt habe, hier und da noch etwas zuzufügen, wegzulassen oder neu zu interpretieren. So kommt es, dass an der ein oder anderen Stelle Zutaten auftauchen, die nicht typisch für eine klassische japanische Ernährung sind. Die Basis der traditionellen japanischen Küche – Schlichtheit und Dankbarkeit – und die daraus hervorgehende Strahlkraft steckt jedoch in jedem Rezept.

Dabei habe ich meine Ökotrophologen-Brille aufgesetzt und die Rezepte mit meiner Gesundheitsexpertise angereichert. Herausgekommen ist eine ausgewogene Mischung und ziemlich viele „gesunde Teller". Was das genau zu bedeuten hat und noch mehr Gesundheits-Insights erfährst du auf den nächsten Seiten. Der erfolgreiche Kochbuchautor, Koch und Experte für japanische Küche Stevan Paul hat dafür gesorgt, dass die Rezepte neben ihrem Fokus auf den gesundheitlichen Aspekten, die größtmögliche japanische Ausrichtung behalten. Er hat für dieses Buch die zahlreichen erstklassigen Gerichte erfunden, gekocht, probiert und perfektioniert.

Das Ergebnis: 50 alltagstaugliche, ausgewogene Rezepte, mit denen du gleich loslegen kannst. Gut für sich selbst zu sorgen ist ein wunderbares Gefühl, begleitet von mehr Ausgeglichenheit und höherer Leistungsfähigkeit. Gehe kleine Schritte, dann ist es einfach und machbar.

Ich wünsche dir viel Freude beim Ausprobieren!

Sarah

Einleitung

Was bedeutet gesunde Ernährung?

Gesunde Ernährung ist ein Schlüssel für mehr Wohlbefinden und Leistungsfähigkeit. Aber was bedeutet eigentlich „gesund“? In erster Linie ist damit Ausgewogenheit gemeint – also keine Lieblingsleckereien ausschließen, sondern stattdessen sinnvoll kombinieren: reichlich Gemüse, Obst, Hülsenfrüchte, Getreide und dazu in kleineren Mengen Milch- und Milchprodukte und gelegentlich Fisch, Fleisch oder Geflügel. Zucker und Salz sind Würzmittel, die in hohen Mengen gesundheitsschädlich wirken können und beispielsweise Übergewicht, Diabetes oder Herz-Kreislauf-Erkrankungen begünstigen. Deswegen kommen sie in einer ausgewogenen Ernährung meistens sparsam zum Einsatz. Auch stark verarbeitete Industrieprodukte mit Zusatzstoffen, künstlichen Aromen und Co. sollten eher die Ausnahme als die Regel sein.

Die Mischung machts

Aber Sahnetorten, Schokoriegel oder Pommes grundsätzlich zu verbieten kommt gar nicht in die Tüte. Vielmehr geht es darum, bewusst zu genießen. Wer sich zum Nachmittagskaffee hin und wieder mal einen Schokoriegel gönnt, der ist auf dem richtigen Weg. Wer sich selbigen vor dem Bildschirm nebenbei reinschiebt, verpasst leider den Genussmoment. In dem Fall rate ich dazu, eher auf Gemüsesticks zurückzugreifen, und damit auch auf Vitamine und Ballaststoffe, und den Schokoriegel zu einem späteren Zeitpunkt in Ruhe zu genießen. Eine tolle Alternative zu Gemüsesticks hat die japanische Küche parat, beispielsweise Edamame (s. S. 132) oder Onigiri-Reisbällchen (s. S. 74). Die sind allerdings viel zu schade zum Nebenbei-Essen. Und dadurch, dass sie keinen (zugesetzten) Zucker enthalten, bleibt dein Blutzuckerspiegel in Balance und spätere Heißhungerattacken aus. Dieser gesunde Snack hält dich bis zur nächsten Mahlzeit satt.

Startschuss für gesundes Essen

Du möchtest gerne deine Gewohnheiten ändern und fragst dich, wo du anfangen sollst? Es ist mir wichtig, dass du weißt: Gesund essen heißt nicht wissenschaftlich essen. Du brauchst nichts zu dokumentieren, abzuwiegen, oder auszuwerten, wenn du es nicht willst. Es schadet nicht, eine Zeit lang ein Ernährungstagebuch zu führen, um eingeschlichenen Gewohnheiten auf die Spur zu kommen, es ist aber kein Muss. Hauptsache, du bist mit Spaß bei der Sache, nur so bleibst du langfristig dabei. Gesunde Ernährung ist ein Lebensstil und keine kurzfristige Diät. Im Prinzip kannst du anfangen, wo du möchtest, es gibt keine Regeln außer der, dass es für dich und deinen Alltag passen muss. Du könntest mit den folgenden Punkten starten:

– Ausmisten

Wirf doch mal einen Blick in Kühlschrank, Vorratskammer und Tiefkühltruhe. Was schlummert da? Die Lebensmittel, die wir zu Hause haben, verführen uns und machen das Zugreifen leicht. Das kannst du für dich und dein Vorhaben nutzen, indem du die Produkte, die du nur noch ab und zu mal genießen möchtest, wie stark verarbeitete Fertiggerichte, Süßigkeiten oder Chips, entrümpelst. Und dir stattdessen einen gesunden Vorrat anlegst. Der könnte so aussehen: ungewürztes Tiefkühlgemüse und -obst, verschiedene Getreide und Getreideflocken, möglichst naturbelassene Lebensmittel mit kurzer Zutatenliste und natürlich japanische Klassiker wie Dashi, Sojasauce, Miso-Paste (s. S. 16). Die meisten der japanischen Grundzutaten bekommst du bereits in großen Supermärkten oder im Biomarkt. Du kannst dir die Basics aber auch online bestellen. Und bereite dir doch ein paar gesunde Snacks vor, auf die du direkt zugreifen kannst, etwa eingelegte Eier oder fermentiertes Gemüse (s. S. 78).

– Gönn dir was

Wir Menschen verwöhnen uns gerne, besonders, wenn wir etwas Neues beginnen. Probiere neue Lebensmittel aus, gönn dir etwas, was du dir sonst nicht gekauft hättest: ein hochwertiges Öl, eine teure Miso-Paste ... Oder mach dir selbst Lust auf gesunde Ernährung, indem du dir eine schöne Schüssel oder einen besonderen Teller schenkst.

– Wochenplan

Für den Einstieg kann ein Wochenplan ganz nützlich sein. Auf Seite 20/21 findest du einen Plan für fünf gesunde Tage. Wenn dir das zu viel ist, starte doch damit, dir jeden Tag eine gesunde Mahlzeit zu schenken. Noch einfacher – koch dir eine gesunde Mahlzeit pro Woche. Jeder Schritt auf dem Weg zu einer bewussten und ausgewogenen Ernährung ist ein Erfolg. Und vor allem: Kein Schritt ist zu klein, es geht keinesfalls darum, perfekt zu sein, sondern dabeizubleiben.

Wenn nicht anders angegeben, sind die Mengenangaben in den Rezepten für zwei Personen angelegt.

Das Geheimnis der japanischen Küche

Die traditionelle japanische Küche paart Geschmacksexplosionen mit Minimalismus und Gesundheit mit Alltagstauglichkeit. Und zeigt: Gesunde Ernährung muss nicht kompliziert sein, sie braucht keine „Superfoods" und auch sonst keine Extras. Während hierzulande über weniger tierische Produkte und mehr Gemüse auf dem Teller diskutiert wird, ist das in Japan seit Jahrhunderten gelebte Praxis.

Japan – das Land der 100-Jährigen

Wer wünscht sich nicht, gesund alt zu werden? In Japan gelingt das vergleichsweise gut. Statistiken zeigen, dass Frauen in Deutschland etwa 73 Jahre gesund alt werden, in Japan hingegen fast 77 gesunde Jahre vor sich haben. Auf der Okinawa-Inselgruppe erreichen sogar überraschend viele Menschen das hundertste Lebensjahr. Eine Spurensuche: Rotes Fleisch und Wurstwaren stehen besonders am Pranger, wenn es um gesundheitliche Risiken geht. In der japanischen Küche kommen sie so gut wie nicht vor, und wenn, dann nur in kleinen Mengen. Auch Zucker, Milch- und Milchprodukte werden in japanischen Küchen meist sparsam eingesetzt. Beliebt hingegen sind Reis und Gemüse, Sojabohnen und kleine Mengen Fisch. Ist das ein Grund, warum die Japaner so wenige Probleme mit Übergewicht und anderen Zivilisationserkrankungen wie Herz-Kreislauf-Beschwerden oder bestimmten Krebsarten haben? Fakt ist, die traditionelle japanische Küche ist ausgewogen und gesund. Welche Puzzleteile zum Geheimnis der gesunden japanischen Ernährung gehören, schauen wir uns jetzt mal im Detail an:

Die japanische Küche setzt auf eine ausgewogene Vielfalt

Auf japanischen Tellern geht es meist bunt und abwechslungsreich zu. Getreide trifft auf Gemüse, Hülsenfrüchte, Fisch und Fleisch. Und die Verteilung ist häufig optimal: viel Gemüse, kleine Mengen Fisch und Fleisch und hin und wieder mal Obst oder Milch und Milchprodukte. Diese Abwechslung bringt gleichzeitig reichlich Nährstoffe mit und sorgt für eine gesunde Balance. Mehrere Sorten Gemüse über den Tag verteilt, wenig industriell verarbeitete Produkte, wenig Zucker, reichlich ungesüßter Tee – das ist ein Schlüssel für Gesundheit und Wohlbefinden.

Die japanische Küche beruht auf pflanzenbasierten Mahlzeiten

Japanische Gerichte sind häufig gemüselastig. Tierische Produkte kommen vor, spielen aber nur eine Nebenrolle. Gemüse landet gegart, aber auch roh oder fermentiert auf dem Teller. Das hat den Vorteil, dass der Körper Vitamine und Mineralstoffe besonders gut aufnehmen kann. Denn einige Vitamine, beispielsweise Vitamin C, sind hitzeempfindlich und werden durchs Kochen zerstört. Andere hingegen, wie Vitamin A, können erhitzt besser aufgenommen werden. Ergänzt wird die tägliche Pflanzenauswahl durch Algen, Hülsenfrüchte, Sprossen und Mikrogreens, also kleine Minipflänzchen, die eine gute Portion Nähr- und Ballaststoffe mitbringen. Denn in den kleinen, gekeimten Samen steckt bereits alles drin, was eine große Pflanze braucht.

Dadurch, dass pflanzenbasiertes Essen reich an (Vollkorn-)Getreide, Gemüse und Hülsenfrüchten ist, bekommst du eine gute Portion Ballaststoffe ab. Diese sorgen dafür, dass du länger satt bist (und weniger zwischendurch snackst), und unterstützen deine Verdauung. Auch sekundäre Pflanzenstoffe sind daran beteiligt. Sie kommen, der Name verrät es bereits, in Pflanzen vor und dienen diesen beispielsweise als Schutzstoffe gegen Fraßfeinde. Und auch wir Menschen können von ihnen profitieren. Zwar sind sekundäre Pflanzenstoffe für unseren Körper, anders als Vitamine und Mineralstoffe, nicht essenziell, doch sie haben zahlreiche gesundheitsfördernde Eigenschaften, wirken entzündungshemmend und antibakteriell.

Japanische Gerichte enthalten häufig fermentierte Lebensmittel

Fermentierte Zutaten gehören zur japanischen Küche wie der Löffel zur Suppe. Sojasauce und Miso-Paste, zwei der wichtigsten Grundzutaten japanischer Gerichte, sind fermentiert, ebenso zahlreiche Gemüsesorten, die zu den Mahlzeiten gereicht werden. Aber was bedeutet eigentlich „fermentieren“?

Fermentation macht Lebensmittel haltbar. Dazu wird mithilfe von Mikroorganismen der in den Lebensmitteln enthaltene Zucker in organische Säuren umgewandelt. Das Ganze passiert in einer Salzlake unter Ausschluss von Sauerstoff. Die hilfreichen Milchsäurebakterien können sich dabei gut vermehren, krank machende Organismen nicht. Deshalb sind fermentierte Lebensmittel lange haltbar. Zudem versorgen sie deinen Darm mit einem Nachschub an „guten“ Bakterien, das unterstützt eine gesunde Darmflora. Diese wiederum spielt eine wichtige Rolle für die allgemeine körperliche und sogar mentale Gesundheit. Denn der Darm und seine Mitbewohner stehen mit deinem gesamten restlichen Körper im Austausch und beeinflussen weit mehr als die Verdauung. Sie wirken auf das Immunsystem, verschiedene Stoffwechselprozesse und sogar dein Gehirn ein.

Fermentiertes Gemüse – oder auch Obst, wie die Salzpflaume Umeboshi – kannst du separat zu den Gerichten reichen oder als gesunden Snack knabbern. Zudem passen sie hervorragend in Bowls, Bentos, Ramen-Suppen, Sandwiches oder Salate.

Japanische Rezepturen beinhalten wenig rotes Fleisch

Schweine- oder Rindfleisch, sogenanntes „rotes Fleisch", kommt in der japanischen Küche sparsam zum Einsatz. Der Pro-Kopf-Verbrauch an Schweinefleisch beispielsweise beträgt in Japan weniger als die Hälfte dessen, was in Deutschland davon auf den Teller kommt. Zwar liefert Fleisch jede Menge Nährstoffe, Vitamine und Mineralien, aber ein hoher Konsum von „rotem Fleisch" birgt gesundheitliche Risiken. Besonders ungesund sind industriell verarbeitete Fleisch- und Wurstwaren. Das liegt vermutlich daran, dass beim Erhitzen von Fleisch sowie beim Haltbarmachen durch Pökeln (Salzbehandlung) gesundheitsgefährdende Stoffe gebildet werden. Für „weißes" Geflügelfleisch oder Fisch gilt diese Bedrohung nicht, aber auch hier sind eher kleine Portionen gesundheitsfördernd.

Die japanische Ernährung ist überwiegend fettbewusst ...

Aber was bedeutet das eigentlich? Bei einer fettbewussten Strategie liegt der Fokus auf der Qualität der Fette. Denn Fette sind durchaus wichtige Elemente für unseren Körper. Sie machen satt, transportieren Nährstoffe und Vitamine, dienen als Baumaterial und haben zahlreiche weitere Funktionen im Körper. Aber ständig zu viel Fett im Essen ist auf Dauer gesundheitsschädlich, es kann zu Übergewicht und Folgeerkrankungen führen.

Mit „Fettqualität" ist gemeint, wie gesundheitsförderlich ein Fett ist. Fette werden in verschiedene Gruppen unterteilt, beispielsweise in gesättigte und ungesättigte Fettsäuren. Gesättigte Fettsäuren kommen vor allem in tierischen Produkten wie Butter, Sahne, Käse, Fleisch und Wurstwaren vor, aber auch in Kokosfett. Sie stehen im Verdacht, das Risiko für Herz-Kreislauf-Erkrankungen zu erhöhen. In der japanischen Küche kommen Butter, Sahne und Co. nur gelegentlich mal auf den Teller und häufig in kleinen Mengen.

... der Schwerpunkt liegt auf ungesättigten Fetten

Ungesättigte Fettsäuren stecken in Pflanzenölen wie Lein-, Raps- oder Sesamöl, Lein- oder Hanfsamen und zum Beispiel Walnüssen. Sie wirken sich günstig auf den Cholesterinspiegel aus und schützen vor Herz-Kreislauf-Erkrankungen. Eine wichtige Untergruppe der ungesättigten Fettsäuren sind die Omega-3- und Omega-6-Fettsäuren. Einige von ihnen kann unser Körper nicht selbst herstellen, wir müssen sie über die Nahrung aufnehmen. Entscheidend bei den Omega-3- und Omega-6-Fettsäuren ist das Verhältnis zueinander. In der Regel bekommen wir ausreichend Omega-6-, aber zu wenige Omega-3-Fettsäuren über unseren Speiseplan. Omega-3-Fettsäuren lindern Entzündungen, wirken positiv auf den Blutfluss und können Herzerkrankungen vorbeugen. Fette Fische wie Lachs beispielsweise sind eine gute Quelle für Omega-3-Fettsäuren. Und weil Lachs ein idealer Lieferant ist, brauchst du davon auch nur ab und zu kleine Mengen, um gut versorgt zu sein.

Die japanische Küche kommt mit wenig Zucker aus

Japanische Rezepte enthalten wenig Zucker, auch Obst wird selten eingesetzt. Das spart einerseits Kalorien, andererseits bleibt so der Blutzuckerspiegel in Balance. Warum ist das wichtig? Nach einer Mahlzeit, die reich an schnell verdaulichen Kohlehydraten ist – etwa Weißmehl und Zucker; schießt der Blutzuckerspiegel in die Höhe. Der Körper arbeitet dagegen an, um den Zucker aus dem Blut „einzusammeln", der Blutzuckerspiegel sinkt wieder und rauscht sogar noch etwas tiefer ab. Das führt zu Heißhunger und erneutem Essen. Gegen die Blutzucker-Achterbahn und deren Folgen wie Übergewicht und erhöhte Blutfettwerte helfen Ballaststoffe und Proteine, aber auch eine zuckerarme Ernährung. Letztere wirkt sich außerdem positiv auf den Geschmackssinn aus. Denn wer grundsätzlich wenig süß isst, dem reicht schon eine kleine Menge Süßes, um zufrieden zu sein. Das liegt daran, dass das individuelle Süßempfinden schon viel früher befriedigt ist als bei jemandem, der regelmäßig viel Zucker verspeist. Darüber hinaus beugt eine zuckerarme Ernährung Karies, Übergewicht und Begleiterkrankungen wie Bluthochdruck oder Diabetes vor.

Dein gesunder Alltag –

10 Tipps mit Soforteffekt

Sich etwas Gutes zu tun und ein bisschen gesünder zu leben, ist gar nicht schwer. Um es dir noch einfacher zu machen, bekommst du im Folgenden zehn tolle Alltagstipps, die du sofort umsetzen kannst.

Mehr Gemüse

Gemüse liefert reichlich Nährstoffe bei gleichzeitig wenig Kalorien. Zudem sorgen die enthaltenen Ballaststoffe für einen gesunden Darm und halten dich satt. Probiere doch mal, bei jeder Mahlzeit eine große Portion Gemüse, morgens gerne auch Obst, auf deinen Teller zu laden. Salat, Hülsenfrüchte, Pilze gehören natürlich auch dazu. Nicht zu vergessen – eingelegtes oder fermentiertes Gemüse (Amazuke oder Asazuke, s. S. 73 und 78).

Weniger Zucker

Zu viel zugesetzter Zucker begünstigt zahlreiche gesundheitliche Probleme: von Karies über Übergewicht bis hin zur Fettleber. Und: Dein Körper braucht gar keinen zugesetzten Zucker oder Honig. Denn natürlicher Zucker kommt in zahlreichen Lebensmitteln wie Milch, Getreide, Obst und Gemüse vor. Wie wäre es, einfach mal zusätzlichen Zucker wegzulassen – beim Kaffee, Müsli oder Joghurt?

Ausreichend Eiweiß

Eiweiß liefert Energie, dient als Baustoff für unsere Zellen, transportiert Nährstoffe und macht zudem lange satt. Es besteht aus verschiedenen Bausteinen, den Aminosäuren. Einige Eiweißbestandteile kann unser Körper nicht selbst herstellen, wir müssen sie über die Nahrung zuführen. Ideal ist es, wenn du verschiedene Eiweißquellen miteinander kombinierst, etwa tierische und pflanzliche. Eiweiß steckt in Hülsenfrüchten wie Soja, Linsen oder Erbsen, in Getreide und Getreideprodukten wie (Vollkorn-)Brot, (Vollkorn-)Nudeln oder Getreideflocken und in tierischen Lebensmitteln wie Milch, Quark, Eiern, Fisch und Fleisch. Da Eiweiß ein guter Sattmacher ist, solltest du davon immer eine gute Portion auf deinem Teller haben.

Vielfalt auf dem Teller

Je bunter und abwechslungsreicher du deine Mahlzeiten gestaltest, desto besser bist du mit allem versorgt. „Bunt" darfst du ruhig wörtlich nehmen! Statt Reis darf es auch mal Hirse, Bulgur oder Dinkel sein. Nüsse und Samen (zum Beispiel Sesam) bringen neben Crunch und Aroma auch jeweils ein individuelles Nährstoffpaket sowie Eiweiß mit. Noch einfacher gelingt dir Vielfalt, indem du gesunde Basics vorbereitest. In der japanisch inspirierten Küche lassen sich super viele Komponenten im Voraus zubereiten und sogar lagern. Eingelegtes oder fermentiertes Gemüse etwa hält sich mehrere Tage bis Wochen im Kühlschrank und ist, einmal vorbereitet, jederzeit einsatzbereit.

Der gesunde Teller

Es gibt ein alltagstaugliches Prinzip, das dir auf einen Blick sagt, wie gesund du unterwegs bist: der gesunde Teller. Teile deinen Teller gedanklich in Viertel. Auf einem Viertel sollte Getreide liegen, auf einem anderen Viertel Eiweiß und der Rest besteht aus reichlich Gemüse und etwas Obst. Ergänzt wird die Mahlzeit durch kleine Mengen gesunder Fette und reichlich Wasser als Getränk.

Gesunde Getränke

Unser Körper besteht zu einem Großteil aus Wasser, das wir immer wieder auffüllen müssen. Fehlen kleinste Mengen, reagiert unser Körper zunächst mit Durst und dann ziemlich schnell mit Kopfschmerzen, Konzentrationsschwierigkeiten oder Schwindel. Gute Durstlöscher sind Wasser sowie ungesüßte Kräuter- und Früchtetees.

Healthy Snacks

Wenn der kleine Hunger kommt, greif am besten zu Gemüse oder Obst und etwas Eiweiß. Das sättigt bis zur nächsten Mahlzeit. Ideal ist beispielsweise Quark mit Obst, eine Portion Edamame, eingelegte Eier, gepickeltes oder fermentiertes Snack-Gemüse oder ein kleiner Gemüsesalat mit Nüssen.

Öfter selber kochen

Wer selbst kocht, hat seine Gesundheit auch selbst in der Hand. Denn so kannst du ganz einfach kontrollieren, welche Inhaltsstoffe du in deinem Essen haben möchtest: E-Nummern, Zusatzstoffe, zu viel Zucker oder Salz bleiben einfach draußen und möglichst naturbelassene Lebensmittel sind willkommen.

Kleine Schritte

Nimm dir am besten nicht zu viel vor, sondern geh bewusst kleine Schritte. Frage dich doch mal: Was kann ich heute und jetzt sofort tun, anstatt alles auf einmal umstellen zu wollen? Wie wäre es, wenn du heute mal selbst kochst? Oder einen Gemüsesnack naschst? Oder ein neues Lebensmittel ausprobierst?

Regelmäßiger Vorratscheck

Ein gesunder Lebensstil will gut vorbereitet sein. Denn wenn der Magen knurrt, gibt er sich mit dem Erstbesten zufrieden – meistens ist das etwas aus der Tüte. Dagegen hilft ein regelmäßiger Vorratscheck: Sind noch genug Gemüse und eiweißreiche Lebensmittel da? Ist alles vorhanden für einen gesunden Snack oder ist dieser sogar schon vorbereitet?

Basics

Dashi

Der Power-Sud aus Kombu-Alge und getrockneten Bonito-Flocken (Thunfischart) bringt Umami an deine Gerichte und gibt ihnen erst den typischen Geschmack. Natürlich gibts auch vegetarische Alternativen. Wie du dir dein Dashi einfach selber machen kannst, erfährst du auf S. 19. Fürs erste Ausprobieren oder als bequeme Alltagslösung nimm Fertig-Dashi (Pulver oder flüssig).

Gesundheit: Dashi enthält deutlich weniger Salz als handelsübliche Brühen und bringt dennoch volles Aroma an deine Gerichte. Zudem ist Dashi eine Jodquelle – wichtig für alle, die kein Jodsalz benutzen.

Miso

Miso, fermentierte Sojabohnen-Paste, ist in der japanischen Küche quasi unersetzlich. Sie besteht klassischerweise aus gekochten, fermentierten Sojabohnen, Getreide, Salz und speziellen Pilzen (Koji). Die Fermentation dauert durchschnittlich mehrere Monate bis zu drei Jahren und bringt komplexe, herzhafte und salzige Aromen voller Umami hervor. Damit würzt du übrigens nicht nur japanisch inspirierte Gerichte, sondern hebst auch Eintöpfe, Bolognese-Saucen oder Salatdressings geschmacklich auf eine ganz neue Ebene. Im Kühlschrank aufbewahrt ist Miso viele Monate haltbar.

Miso-Pasten variieren in Aussehen, Konsistenz und Geschmack. Als Faustregel kannst du dir merken: Je dunkler die Farbe der Miso-Paste, desto würziger ihr Geschmack. Tipp für Einsteiger: helle Sorten wie Shiro-Miso schmecken süßlich-mild. Achte darauf, dass die Miso-Pasten möglichst naturbelassen sind, also keine unnötigen Zusatzstoffe oder Aromen enthalten.

Gesundheit: Durch die Fermentation ist Miso-Paste reich an „guten" Bakterien, die für eine gesunde Darmflora sorgen; Kochen allerdings zerstört die Organismen. Pasteurisierte Paste kannst du super zum Würzen nutzen, zur Darmgesundheit trägt sie jedoch nicht mehr bei.

Sojasauce

Ein weiterer fermentierter, salziger Umami-Lieferant: Sojasauce (Shoyu). Sie besteht aus Sojabohnen, Weizen, Wasser und Salz. Sojasaucen werden über mehrere Monate bis zu fünf Jahre mithilfe von Mikroorganismen (z. B. Koji-Pilz) fermentiert und anschließend gereift. Der überwiegende Teil der Sojasaucen wird allerdings industriell hergestellt, mit stark verkürzten Fermentations- und Reifezeiten und zugesetzten Stoffen.

Sojasaucen gibt es in unterschiedlichen Intensitäten, Konsistenzen und Salzgehalten. Je nach Dauer der Reifung, aber auch abhängig vom Hersteller schmecken Sojasaucen verschieden. Während Sojasauce traditionell Weizen enthält, ist die Tamari-Sojasauce (Tamari Shoyu) frei von Weizen und damit glutenfrei. Sie ist etwas dicker und weniger salzig als die anderen Sorten. Zugesetzter Zucker, Melasse, Farb- und andere Zusatzstoffe haben in einer guten Sojasauce nichts zu suchen.

Gesundheit: Durch Sojasauce kannst du weitere Salzzugaben reduzieren. Die lange Reifung baut das Weizeneiweiß Gluten in der Sojasauce ab. Daher ist sie für Menschen, die empfindlich auf Gluten reagieren, oft trotzdem gut verträglich. Die glutenfreie Variante der Sojasauce heißt Tamari und ist auch für Menschen mit Zöliakie geeignet.

Reisessig

Reiner Reisessig ist rar und teuer. Hierzulande bekommst du eher Sorten, die auch andere Getreide wie Weizen oder Mais enthalten. Macht aber nichts, denn diese Sorten sind immer noch süßlicher, milder und weniger säurehaltig als zum Beispiel Weißweinessig. Reisessig enthält 2–4 % Säure, andere handelsübliche Essige durchschnittlich 5–7 %. Falls du keinen Reisessig findest, nimm doch einfach Weißweinessig und verdünne ihn im Verhältnis 3:1 mit Apfelsaft.

Gesundheit: Essigsäure regt die Bildung von Verdauungssäften, Speichel und Magensäure an und unterstützt damit die Verdauung.

Mirin

Mirin ist eine Art Reiswein, ähnlich dem Sake, mit einem Alkoholgehalt von ca. 14 % und reichlich natürlichem Zucker (bis zu 45 %). Der Zucker wird während der Fermentation aus dem Getreide freigesetzt. Mirin wird vor allem als süßer Sirup zum Würzen und Glasieren eingesetzt und ist Bestandteil der berühmten Teriyaki-Sauce. Achte darauf, dass kein zusätzlicher Zucker oder andere Stoffe zugesetzt sind. Ersetzen kannst du Mirin ganz einfach durch Ahornsirup.

Gesundheit: Mirin enthält Alkohol und dieser verkocht bei der Zubereitung nur teilweise. Also Achtung, wenn Kinder mitessen. Der hohe Zuckergehalt macht Mirin quasi zu einem Süßungsmittel.

Sake

Der japanische Kochwein wird aus hochwertigem Wasser und Reis gebraut, es gibt ihn in unterschiedlichen Qualitätsstufen und Geschmacksnuancen. Neben milder Süße bringt er Umami-Noten ins Gericht. Beim Standard-Sake ist die Zugabe von destilliertem Alkohol und Zucker erlaubt. Du kannst Sake auch durch trockene oder halbtrockene Weißweine ersetzen, sie sind jedoch nicht ganz so mild im Geschmack.

Gesundheit: Sake als Würzmittel zum Kochen ist in kleinen Mengen unbedenklich. Es gilt jedoch das Gleiche wie bei Mirin: Es bleibt ein Restalkoholgehalt, er ist daher nicht für jeden und schon gar nicht für Kinder geeignet.

Zweierlei Dashi

(und warum es echt okay ist, mit Fertig-Dashi zu arbeiten)

Dashi, die duftende Essenz (traditionell aus Kombu-Algen und Katsuobushi-Flocken hergestellt), ist Basis und Fundament der japanischen Küche. Dashi findet sich in den allermeisten japanischen Gerichten, es hebt und belebt den Geschmack von Speisen subtil, liefert Umami und ist unverzichtbar, wenn man sich mit japanischer Küche beschäftigt.

Hier ein klassisches Rezept und unsere vegetarische Interpretation, das „Easy Dashi":

Dashi

Ergibt ca. 1 Liter
10 g Kombu-Alge
30 g Katsuobushi-Flocken
(Katsuobushi, das steinhart getrocknete und geräucherte Filet vom Skipjack-Fisch „Katsuo", hauchdünn gehobelt)

Die Kombu-Alge mit einem feuchten Tuch abreiben und in einen Topf mit 1 l kaltem Wasser legen. Langsam bis zum Siedepunkt erhitzen (es darf nicht kochen). Den Topf vom Herd nehmen und die Alge 1 Stunde im 60–80 °C heißen Wasser ziehen lassen. Die Alge entfernen, die Kombu-Brühe aufkochen und vom Herd ziehen. Die Katsuobushi-Flocken aufstreuen und warten, bis sie auf den Boden gesunken sind. Das Dashi durch ein feines, mit Küchenpapier ausgelegtes Sieb rinnen lassen. Die Flocken nicht ausdrücken, das macht das Dashi bitter.

Easy-Dashi

Ergibt ca. 500 ml
15 g getrocknete Pilze (Shiitake oder Steinpilze)
2 EL Sojasauce
1 Stück Ingwer (15 g)
1 Nori-Algenblatt (Sushi-Nori)

Die Pilze grob zerteilen, brechen oder mit der Küchenschere zerschneiden. 500 ml Wasser mit den Pilzen und der Sojasauce in einen Topf geben, einmal aufkochen. Den Ingwer in dünne Scheiben schneiden, zugeben und aufkochen. Das Nori-Blatt zugeben. Dashi vom Herd nehmen und 15 Minuten ziehen lassen. Die Brühe vorsichtig durch ein feines, mit Küchenpapier ausgelegtes Sieb passieren.

Tipp:

Beide Dashi sollten möglichst frisch zubereitet und direkt weiterverwendet werden. Übriges Dashi bleibt in einem gut verschlossenen Glas im Kühlschrank bis zu 3 Tage frisch. Man kann es auch portionsweise einfrieren, dabei geht aber etwas vom Geschmack verloren.

Fertig-Dashi

Im Alltag halte ich es allerdings wie die allermeisten Japaner: Ich nutze „Fertig-Dashi". Das ist nicht ehrrührig, eher superpraktisch. Du kannst einfach loskochen, wenn du Lust dazu hast, individuell Mengen und Geschmack für dich austesten. Online und im Asia-Laden findest du eine reiche Auswahl, auch an vegetarischem und veganem Dashi:

Instant-Dashi als Pulver (*dashi pakku, dashi-no-moto, hon-dashi*) Die handlichen Röhrchen enthalten 6 g Dashi-Pulver – damit würzt man subtil bis zu einem Liter Wasser oder Brühe (auf der Packung empfohlen sind 600 ml). Das Pulver lässt sich gut dosieren und ist darum gerade in der Alltagsküche praktisch, wenn es auch mal nur eine schnelle Prise „Umami" und Dashi-Geschmack sein soll.

Konzentriertes, flüssiges Dashi im Tetra Pak oder der Flasche (Liquid Dashi) lässt sich auch einfrieren, bleibt dabei aber aufgrund seiner hohen Salzigkeit und Enzymatik nur „halbgefroren" und somit direkt portionierbar, es ist echt ergiebig.

Fünf gesunde Power-Tage

Du möchtest mit wenig Aufwand direkt in die gesunde japanisch-inspirierte Küche eintauchen? Dann schnapp dir doch unseren Wochenplan und schenk dir fünf gesunde Power-Tage. Dazu reichlich trinken, am besten Wasser oder ungesüßten Tee. Natürlich kannst du jedes Rezept austauschen oder immer das gleiche Lieblingsfrühstück essen – mach aus unserem Plan einfach deinen Plan!

Frühstück:

Mo: Okayu – Japanischer Porridge
Schmeckt süß und herzhaft

Di: Grüntee-Honig-Pancake
Süß, aber gesund mit Beerenpower

Mi: Tamagoyaki mit Tomaten-Tatar
Die Brateirolle – schmeckt warm und kalt

Do: Morning Miso
Einlagen abends vorbereiten, dann gehts fix

Fr: Chawanmushi – Unser Frühstücks-Flan
Proteinreicher Sattmacher

Mittagessen:

Mo: Buntes Gemüse-Bento
Gut zum Mitnehmen und hält lange satt

Di: Bulgur-Bento
Gut vorzubereiten – schmeckt warm und kalt

Mi: Wanpaku – Das Supersandwich aus Japan
Trendsandwich als gesunde Burger-Alternative

Do: Onigirazu – Sushi-Sandwiches
Fummelarbeit, die sich lohnt – super zum Vorbereiten und Mitnehmen

Fr: Gebratener Gemüse-Nudelsalat
Ausgewogener Salat – schmeckt warm und kalt

Abendessen:

Mo: Pinienkern-Maronen-Nudeln mit Sauerkrautsalat „Kimuchi“
Sättigendes Soulfood

Di: Miso-Gemüseeintopf
Einfach saisonal anzupassen

Mi: Gebratene Pilze auf Endiviensalat mit Seidentofu-Dressing „Ponzu-Style“
Noch sättigender mit einer Portion Eiweiß

Do: Tantanmen-Ramen
Proteinreich und sättigend mit Veggie-Hack

Fr: Yakitori – Hähnchenspieße mit Radieschen-Gurkensalat und Apfelketchup
Low-Carb-Abendessen vom Grill

Gesunde Alltagsküche leicht gemacht

Wenn du die frischen Sachen auf dem Markt einkaufst, kannst du gezielt kleine Mengen Gemüse kaufen und es bleibt nicht so viel übrig.

Tipps für Montag

Sonntagabend bereits den Sushi-Reis sowohl für das Porridge als auch die Bento-Box zubereiten. Eventuell die Zugaben für das Porridge vorbereiten sowie die Eier fürs Bento einlegen. Du kannst auch einfach nur Eier hart kochen, ohne sie einzulegen. Oder du lässt die Eier ganz weg – es kommen diese Woche ohnehin viele Eier auf den Tisch. Bohnen und Edamame fürs Bento kannst du auch schon zubereiten und marinieren. Falls du das Sauerkraut-Kimuchi zu den Pinienkern-Maronen-Nudeln zubereiten möchtest, tu das am besten bereits am Samstag. Die Einkaufsliste müsstest du dann noch ergänzen.

Tipps für Dienstag

Das Bulgur-Bento kannst du bereits vollständig am Montagabend zubereiten und am nächsten Tag nach Belieben kurz aufwärmen. Statt Süßkartoffel und Kürbis kannst du im Miso-Gemüseeintopf – je nach Saison – auch einfach die doppelte Menge Süßkartoffel oder Kürbis nehmen.

Tipps für Mittwoch

Das Wanpaku-Sandwich lässt sich auch mit Vollkorntoast statt mit Sandwichtoast zubereiten.

Tipps für Donnerstag

Die Einlagen für deine Miso-Suppe kannst du schon Mittwochabend zubereiten: Lachs braten, Erbsen garen ... und die Algen lässt du morgens einfach quellen, während du unter der Dusche stehst. Auch was für Mittwochabend: Reis kochen und ggf. Einlagen (Spicy Rotkohl) für Onigirazu vorbereiten.

Tipps für Freitag

Die Hirse und das Spinat-Pilz-Gemüse kannst du Donnerstagabend vorbereiten. Auf Förmchen verteilen, in den Kühlschrank stellen und morgens nur noch die Eiermasse darübergeben. Auch die Shoyu-Würze „Hausblend“ für den Flan sowie den Apfelketchup-Dip für das Yakitori kannst du abends vorbereiten. Statt Stängelbrokkoli im gewokten Gemüsesalat kannst du auch einfach das restliche halbe Bund Spargel vom Donnerstag nutzen. Ingwersirup kannst du einfach durch Honig und etwas geriebenen, frischen Ingwer ersetzen.

朝

Morgens

Chawanmushi – Unser Frühstücksflan

40 g Goldhirse
Salz
100 g Babyspinat
6 Champignons
50 ml Dashi
(oder kräftige Brühe)
4 Eier
50 ml Sojasahne
1 TL helle Sojasauce
1 TL Mirin
Shoyu-Würze „Hausblend“
(s. S. 70)

Im Wasserbad gestockter Eierstich mit Einlage ist nicht nur eine gute Frühstücksidee, in Japan ist Chawanmushi auch als kleine Mahlzeit oder Menü-Gang beliebt, die Einlage variiert je nach saisonalem Angebot und Jahreszeit.

Die Hirse mit 250 ml Wasser in einen Topf geben, leicht salzen, aufkochen und zugedeckt 10 Minuten sanft köchelnd garen. Den Spinat waschen und trocken schleudern, die Champignons in möglichst dünne Scheiben schneiden.

Eine Pfanne erhitzen, Spinat, Pilze und Dashi zugeben, aufkochen lassen und rühren, bis der Spinat zusammengefallen ist. Auf einem Teller abkühlen lassen. Die Hirse ebenfalls auf einem Teller ausdampfen und abkühlen lassen.

Die Eier mit Sojasahne, Sojasauce und Mirin verrühren. Das Gemüse mit der Hirse auf vier feuerfeste Portionsförmchen (aus Silikon oder Porzellan bzw. einfache Tassen) verteilen. Die Eiersahne durch ein feines Sieb gießen und auf die Förmchen verteilen.

Einen Topf mit Deckel und Dämpfeinsatz mit 1 l Wasser füllen und aufkochen. Die Chawanmushi einsetzen und zugedeckt 15–20 Minuten dämpfen. Mit Shoyu-Würze zum individuellen Nachwürzen servieren.

Gesund-Tipp:

In unseren Frühstücksflan haben wir Hirse reingeschummelt. Warum? Hirse ist ein echtes Powergrain, es liefert Eiweiß, reichlich Eisen (wichtig für Vegetarier*innen und Veganer*innen) und Magnesium (wichtig für Muskeln und Nerven), ist glutenfrei und leicht verdaulich. Pflanzliches Eisen wird übrigens gemeinsam mit Vitamin C vom Körper besser aufgenommen. Servier doch noch fermentierten Gartengemüsesalat (s. S. 78) oder Umeboshi dazu.

Okayu –
Japanischer Porridge

Besonders am Morgen stärkt und harmonisiert der klare japanische Porridge. Dazu gibt es geröstete Nüsse mit Sesam, ein bisschen Knabbergemüse und Miso zum individuellen Würzen des Reisbreis sowie – optional – Umeboshi-Pflaumen*. Das besondere an Okayu: Der Porridge schmeckt sowohl salzig als auch mit süßen Toppings köstlich.

Okayu-Porridge

100 g Reis (Sushi- oder Milchreis)

Den Reis mit 750 ml Wasser aufkochen und sanft köchelnd, unter gelegentlichem Rühren 40 Minuten zugedeckt sanft garen.

Toppings

1 Karotte
Salz
Reisessig

Die Karotte schälen, längs in breite Scheiben, dann in Streifen schneiden. Mit Salz würzen, mit Essig besprenkeln und bis zur Weiterverwendung ziehen lassen. Je länger die Ziehzeit, desto bekömmlicher wirds.

1 EL Kürbiskerne
1 EL weiße Sesamsamen

Die Kürbiskerne grob schneiden und in einer Pfanne mit Sesam hellbraun rösten. Leicht salzen und abkühlen lassen.

Weitere Toppings:

Süß: Honig, Tahin, Trockenfrüchte, frische Beeren, Umeboshi-Pflaumen

Salzig: geröstete Algen, Tahin, Gewürztes Sesamsalz „Furikake" (s. S. 66), diverse Amazuke oder Asazuke (s. S. 78), Umeboshi-Pflaumen

* Die eingesalzenen und milchsäurevergorenen Früchte der japanischen Ume-Aprikose reifen zwischen rote Shiso-Blätter geschichtet bis zu zwei Jahre. Ihr Geschmack ist dann herrlich säuerlich-salzig, mit Aromen von Aprikose und einer Erinnerung an Marzipan.

Tipp:

Reis und Toppings lassen sich am Vorabend zubereiten, einfach zugedeckt über Nacht in der Küche stehen lassen, dann geht es morgens ganz flott: nur noch den Porridge leicht erwärmen.

Gesund-Tipp:

Umeboshi, Salzpflaumen, sind botanisch gesehen eigentlich Aprikosen. Daher sind sie in Biosupermärkten und Reformhäusern unter beiden Namen erhältlich. Die fermentierten Früchte unterstützen die Verdauung und fördern eine gesunde Darmflora. Letzteres wiederum stärkt das Immunsystem und die Gesundheit im Allgemeinen.

Morning Miso

aka Meal Prep Miso

In Japan beginnt ein guter Tag mit einer Schale heißer Miso-Suppe. Sie nährt, wärmt und schenkt Kraft für den Start. Klassisch kommen Seidentofu-Würfel und Wakame-Algen rein, gebratener Lachs, Erbsen und Spinat machen eine leichte Mahlzeit daraus. Ohne Stress klappt auch das mit ein bisschen Vorbereitung.

Morning-Miso
600 ml Wasser
2–3 EL Lieblings-Miso-Paste
2 TL Sojasauce
Salz

Miso-Einlage
½ TL getrocknete Wakame-Algen
120–150 g Seidentofu

Miso-Meal
1 Stück Bio- oder Wildlachsfilet à 80–100 g
Salz
Pflanzenöl zum Braten
80 g Erbsen (TK)
1 Handvoll Babyspinat

Für die Morning-Miso das Wasser aufkochen, vom Herd ziehen, die Miso-Paste einrühren und auflösen, mit Sojasauce und evtl. einer winzigen Prise Salz abschmecken.

Für die Einlage die Wakame-Algen 20 Minuten in einer Schale mit heißem Wasser einweichen und quellen lassen, dann abtropfen lassen. Den Seidentofu in Würfel schneiden.

Für das Meal den Lachs salzen und in einer beschichteten Pfanne mit wenig Öl rundherum 6–8 Minuten braten. Die Erbsen 4 Minuten in Salzwasser kochen, in kaltem Wasser abkühlen. Den Spinat waschen und trocken schleudern.

So klappt die Miso als Meal Prep:
Am Vorabend die Einlage(n) individuell und nach Wunsch wie oben beschrieben vorbereiten. Über Nacht abgedeckt im Kühlschrank aufbewahren oder bereits in Lunchboxen kalt stellen.

Nur die Miso sollte immer frisch gekocht werden, das geht minutenschnell. Wenn dafür keine Zeit ist oder unterwegs keine Möglichkeit besteht, kann man die Miso auch zu Hause vorbereiten und in der Thermoskanne mitnehmen.

Alle Zutaten bekommen final in der heißen Suppe Temperatur, der Spinat fällt leicht zusammen – zum Weglöffeln gut.

Tipp:

Miso-Suppen eignen sich hervorragend auch zur nachhaltigen Verwertung von Nudeln oder Reis vom Vortag. Das sättigt noch länger.

Tamagoyaki
mit Tomaten-Tatar

Diese japanische Eierspeise schmeckt nicht nur zum Frühstück. Das gerollte Bratei Tamagoyaki kann kalt aufgeschnitten auch als Snack gereicht werden, als Sushi-Belag, Bento-Beilage oder als Topping für eine Reis-Bowl.

Tomaten-Tatar
3 Tomaten
1 TL Sojasauce
1 TL Dashi
Schnittlauch

Tamagoyaki
4 Eier
1 TL Sojasauce
1 TL Mirin
Salz
Pflanzenöl

Außerdem
2–4 Scheiben Vollkorntoast

Für das Tomaten-Tatar die Tomaten auf einer Seite kreuzförmig einschneiden, den Strunk kegelförmig herausschneiden. Die Tomaten wenige Sekunden in kochendes Wasser tauchen, wenn die Haut aufspringt, rasch in kaltem Wasser abkühlen. Die Haut abziehen und die Tomaten vierteln. Die Kerne entfernen, das Fruchtfleisch würfeln. Die Würfel mit Sojasauce und Dashi würzen. Den Schnittlauch in Röllchen schneiden und unterziehen.

Für das Tamagoyaki die Eier mit Sojasauce und Mirin glatt rühren, nur leicht salzen und durch ein feines Sieb passieren. Eine große beschichtete Pfanne dünn mit Öl bepinseln, leicht erhitzen und etwas Eimasse hineingeben, gerade so viel, dass der Boden der Pfanne dünn bedeckt ist. Das Ei stocken lassen und mithilfe zweier Pfannenwender zu einer Rolle aufrollen. Die Rolle am oberen Pfannenrand liegen lassen, die Pfanne erneut mit Öl bepinseln, eine weitere Ei-Schicht hineingeben und bei mittlerer Hitze stocken lassen. Jetzt die Rolle zum unteren Pfannenrand rollen, dabei die neue Ei-Schicht mit einrollen. Auf diese Weise weiterverfahren, bis die Ei-Masse verbraucht und eine dicke Ei-Rolle entstanden ist.

Die Toastscheiben toasten und diagonal halbieren. Das Tomaten-Tatar in einem Ausstechring anrichten, die Eirolle aufschneiden und danebenlegen. Mit Toast servieren.

Gesund-Tipp:

Das hochwertige Eiweiß der Eier kann unser Körper zu beinahe 100 Prozent nutzen. Sie liefern zudem eine Fülle an Vitaminen und Mineralstoffen, darunter knochenstärkendes Vitamin D oder, wichtig für die Augen, Vitamin A. Das enthaltene Biotin sorgt für gesunde Haut, Haare und Nägel.

Morning-Tofu

mit Miso-Cream, Sesam-Röstbrot und Ohitashi-Spinat

Sesam-Röstbrot

1 Scheibe Dinkeltoast
1 TL weiße Sesamsamen
Salz

Miso-Cream

1 EL helle Miso-Paste
1 TL Ahornsirup
1 Spritzer (Reis-)Essig
1 TL Sojasauce

Ohitashi-Spinat

150 g Babyspinat
1 TL Pflanzenöl
6 EL Dashi
3 EL helle Sojasauce
1 EL Mirin
1–2 Tropfen Sesamöl (optional)

Außerdem

300 g Seidentofu

Den Dinkeltoast fein zerrupfen und in einer Pfanne mit dem Sesam ohne Fett hell rösten, dann leicht salzen.

Für die Miso-Cream die Miso-Paste mit Ahornsirup, Essig und Sojasauce mischen, mit etwas Wasser cremig rühren.

Für den Ohitashi-Spinat den Spinat waschen und tropfnass in einer heißen Pfanne mit dem Öl unter Rühren zusammenfallen lassen. Herausnehmen und auf einem Teller ausgebreitet rasch abkühlen lassen, das geht am besten in 3–5 Minuten im Tiefkühler. In einer Schüssel das Dashi mit Sojasauce und Mirin verrühren. Optional das Sesamöl zugeben. Den kalten Spinat ausdrücken, bis er trocken ist, und in der Würzsauce wenden.

Den Seidentofu aus der Packung stürzen, halbieren und auf kleine Teller verteilen. Den Tofu mit Miso-Cream und Sesamröstbrot toppen. Den Spinat daneben anrichten.

Tipp:

Sesam-Röstbrot und Miso-Cream lassen sich am Vorabend zubereiten. Noch schneller statt Ohitashi-Spinat: Amazuke (s. S. 73) oder Rohkost-Gemüse dazu.

Gesund-Tipp:

Spinat unterstützt mit reichlich Vitamin A die Sehkraft. Zudem enthält er Lutein, ein Stoff, der deine Zellen schützt und gesund hält. Kleine Spinatblätter (Babyspinat) enthalten mehr Lutein als große, ausgereifte Blätter.

Grüntee-Honig-Pancakes

Die Eier trennen. Die Eigelbe mit Milch und Honig glatt rühren. Das Mehl sieben und mit Grüntee und Backpulver gründlich mischen. Zur Eier-Milch-Mischung geben und mit dem Handrührgerät zu einem glatten Teig verarbeiten. 10 Minuten quellen lassen. Eiweiße und 1 Prise Salz in einer Rührschüssel mit den Quirlen des Handrührgerätes auf höchster Stufe steif schlagen und unter den Teig heben.

Den Backofen auf 80 °C vorheizen. Eine beschichtete Pfanne mit Öl ausstreichen, sodass der Boden der Pfanne bedeckt ist. Bei mittlerer Hitze esslöffelweise Teig in die Pfanne geben, 2–3 Minuten backen, Pancakes wenden und nochmals 2–3 Minuten backen. Auf diese Weise verfahren, bis der Teig verbraucht ist. Pfannkuchen im Ofen warm halten.

Mit Beeren, nach Belieben Extra-Honig und optional mit zerbröselten, gefriergetrockneten Himbeeren bestäubt servieren.

2 Eier (M)
150 ml Milch
2 EL Honig plus
etwas zum Servieren
150 g Mehl (Type 550)
1–2 TL feines Matcha-Grünteepulver
1 TL Backpulver
Salz
Pflanzenöl zum Braten
150 g gemischte Beeren
nach Saison optional
gefriergetrocknete Himbeeren
(im gut sortierten Supermarkt
bei den Cerealien)

Gesund-Tipp:

Blaubeeren werden als „Superfood“ bejubelt. Das liegt an speziellen Inhaltsstoffen, den Anthocyanen. Diese sind super gesund, schützen die Zellen und stärken das Immunsystem. Aber auch Himbeeren, Erdbeeren und Co. brauchen sich nicht zu verstecken. Alle liefern wenig Zucker, aber reichlich Ballaststoffe – ideal für deinen Blutzuckerspiegel. Und Schwarze Johannisbeeren sind reinste Vitamin-C-Bomben.

Mittags 昼

Wafu Salad

mit Ofen-Hähnchen und Brombeeren

1 EL helle Miso-Paste
1 EL Sojasauce
1 Hähnchenbrustfilet, ohne Haut (wenn möglich Bio)
1 Handvoll grüne Salatblätter (z. B. Endivie oder Romana)
1 rote Langpaprika
4–6 kleine Tomaten
1 Handvoll Brombeeren (TK) (ersatzweise Heidelbeeren)
1 EL Perlzwiebeln (Glas)
Rettich-Asazuke (s. S. 78) (optional)
eingelegter Sushi-Ingwer
Shiso-Kresse oder Rote-Daikon-Kresse (optional)

Für das Wafu-Dressing

1 Schalotte
Salz
2 EL Pflanzenöl
2 EL Sojasauce
1 EL Ahornsirup (oder Mirin)
4 EL Dashi
2–3 EL Reisessig

Das Wafu-Dressing ist Japans beliebteste Salatsauce, sie ist entfernt verwandt mit der französischen Vinaigrette. Ihre besondere Geschmackstiefe bekommt sie durch geröstete Schalottenwürfel und Sojasauce.

Den Backofen auf 180 °C vorheizen. Das Miso mit der Sojasauce verrühren und das Fleisch damit einreiben. Auf einem Blech mit Backpapier im Ofen 25 Minuten garen.

Für das Wafu-Dressing die Schalotte schälen, fein würfeln und salzen. Das Öl in einer Pfanne erhitzen, die Schalotte darin goldbraun und glasig schmorbraten. Vom Herd ziehen, Sojasauce und Ahornsirup unterrühren. Dashi und Reisessig zufügen, in eine Schüssel geben und abkühlen lassen.

Die Hähnchenbrust aus dem Ofen nehmen und auf einem Teller 10–15 Minuten ruhen lassen, dabei zwei-, dreimal wenden. Den Salat waschen, trocken schleudern und zupfen. Die Paprika von Samen und Scheidewänden befreien, in Ringe schneiden und salzen. Die Tomaten vierteln und salzen. Die Brombeeren halbieren. Perlzwiebeln und Rettich abtropfen. Alles mit Sushi-Ingwer anrichten.

Die Hähnchenbrust leicht schräg aufschneiden und auf die Teller verteilen, mit dem Dressing beträufeln. Optional mit Kresse bestreuen.

Eine Schüssel Reis (s. S. 87) macht den Salat zu einer leichten Mahlzeit.

Tipp:

Das Wafu-Dressing passt zu allen Salaten sowie zu gedämpftem Gemüse oder Rohkost. Köstlich auch als leichte Sauce über gebratenem oder gekochtem Fisch, gegrilltem Huhn oder Garnelen. Die Hähnchenbrust wird besonders würzig, wenn sie über Nacht im Kühlschrank marinieren darf.

Wanpaku –

Das Supersandwich aus Japan

Wanpaku oder Wan Paku Sando ist ein Trendsandwich, das sich besonders unter Japans Jugend großer Beliebtheit erfreut.

Wanpaku-Sandwiches

Für 2 Sandwiches

¼ dicke Karotte
Salz
½ Bio-Snack-Gurke
4 Salatblätter
2 EL Mayonnaise
1–2 Msp. Wasabi-Paste
1 TL Honig
Reisessig
4 Scheiben Sandwichtoast
50–80 g Graved Lachs
(gekauft oder im Asia Style
selbst gemacht s. rechts)
Pflanzenöl
2 Eier
2 Nori-Algenblätter
2 EL Spicy Rotkohl (s. S. 78)

Die Karotte schälen und in dünne Streifen schneiden, salzen. Die Gurke längs in dünne Scheiben schneiden und salzen. Den Salat waschen. Die Mayonnaise mit Wasabi, Honig und einem Spritzer Essig verrühren und die Toastscheiben dünn damit bestreichen. Je ein Salatblatt auf jede Toastscheibe legen. Zwei Hälften zusätzlich mit den abgetropften Gurkenscheiben und mit Graved-Lachs-Scheiben belegen.

Eine beschichtete Pfanne mit ein paar Tropfen Öl erhitzen, die Eier hineinschlagen, salzen und kurz stocken lassen. Das Eiweiß mit einem Pfannenwender über das Eigelb schlagen. 1–2 Minuten weiterbraten, dann wenden und nochmals 1–2 Minuten braten. Die Eier auf die Nori-Blätter setzen und einrollen. Dann die Nori-Eier auf den Lachs legen. Mit abgetropften Möhren und Rotkohl toppen.

Die übrige Toastscheibe auflegen, nur leicht zusammendrücken, aber eng und straff in Butterbrotpapier wickeln. Vor dem Verzehr mit einem Brotmesser mittig durchschneiden und genießen.

Mach es zu deinem Wanpaku: Belege das Sandwich nach deinem Geschmack mit je 4–5 Zutaten wie Tomatenscheiben, Asazuke (s. S. 78), Radieschen, Avocado, Seitan-Scheiben, Blattspinat, Mais, Ingwer-Krautsalat (s. S. 120), Frischkäse, Käsescheiben, Tonkatsu-Schnitzel (s. S. 102), Lieblingsmayo ... flache Zutaten nach außen, voluminösere Zutaten nach innen.

Graved Lachs „Asia“

Graved Lachs kannst du auch selbst machen – plane einen Tag im Voraus ein.

400 g Bio- oder Wildlachsfilet
(fangfrisch, geschuppt,
auf der Haut, entgrätet)
1 EL Sake
½ Limette
20 g Salz
15 g brauner Zucker
1 Stück Ingwer (20 g)
einige Zweige Koriandergrün

Den Lachs kalt abspülen, mit Küchenpapier trocken tupfen und die Fleischseite mit Sake einreiben. Die Limette auspressen, den Saft über das Filet träufeln. Das Salz mit dem braunem Zucker mischen.

Den Ingwer fein reiben, den Abrieb in einem Sieb auspressen, den Ingwersaft über den Lachs träufeln. Mit dem Koriander belegen, die Salz-Zucker Mischung über die Lachsseite verteilen. Zugedeckt im Kühlschrank 24 Stunden beizen.

Die Beize unter kaltem Wasser abspülen, das Filet mit Küchenpapier trocken tupfen. Gut gekühlt hält sich der gebeizte Lachs im Kühlschrank weitere zwei Tage frisch. Zum Servieren das Filet von der Haut und dann wahlweise in dickere Scheiben schneiden – oder klassisch auf der Haut belassen und mit einem scharfen Messer schräg in dünne Scheiben schneiden.

Gemüse-Salatgarten

mit Wasabi-Vinaigrette und Ei

Dieser bildhübsche Sommersalat aus Gartengemüse ist, mit Reis serviert, eine leichte Mahlzeit, er taugt aber auch als feine Vorspeise.

Wasabi-Vinaigrette
1 Ei
4 EL Reisessig
2 EL Sojasauce
2 EL Dashi
1 EL Mirin
2–4 Msp. Wasabi-Paste
½ TL Aonori-Algenpulver (optional)
1 Frühlingszwiebel
Salz

Gemüse
4–6 Fingermöhren
Salz
120–150 g Daikon-Rettich (von der schmalen Seite)
1 kleine Zucchini
200 g Brokkoli, Blumenkohl und/oder Romanesco, gemischt (oder nur eine Sorte)
6 kleine Shiitakepilze
4–6 Kirschtomaten
400 ml Dashi (ersatzweise Gemüsebrühe)
50 g Zuckerschoten
gerösteter Sesam (s. S. 66)

Für die Vinaigrette das Ei anstechen und 10 Minuten kochen. In kaltem Wasser abkühlen. Reisessig mit Sojasauce, Dashi, Mirin, Wasabi und optional Aonori-Pulver verrühren. Die Frühlingszwiebel längs halbieren, fein schneiden und unterrühren. Das Ei pellen, das Eiweiß fein würfeln, das Eigelb leicht zerbröseln und unter die Vinaigrette rühren. Mit wenig Salz abrunden.

Für das Gemüse die Möhren schälen und salzen, optional etwas vom Grün belassen. Den Rettich schälen und in ca. 3 cm breite Stücke schneiden, ebenso die Zucchini – wer mag, rundet die Ecken der Gemüse mit einem Sparschäler dekorativ ab. Brokkoli, Blumenkohl und Romanesco in kleine Röschen teilen. Die Shiitakepilze von den Stielen befreien. Die Kirschtomaten halbieren und salzen.

Das Dashi in einem weiten Topf mit Deckel aufkochen. Möhren und Rettich zugeben und zugedeckt 3 Minuten garen. Die Flüssigkeit simmert dabei sanft, es ist eine Mischung aus Köcheln und Dämpfen. Jetzt Brokkoli, Blumenkohl und Romanesco zugeben und zugedeckt nochmals 3 Minuten garen. Zuckerschoten und Shiitake zugeben und weitere 3–4 Minuten zugedeckt garen.

Das Gemüse mit einer Schaumkelle aus dem Garsud heben. Wahlweise ganz abkühlen lassen oder lauwarm mit den Kirschtomaten auf Tellern anrichten und die Vinaigrette darübergeben. Mit geröstetem Sesam bestreut servieren.

Am besten Reis (s. S. 87) dazu reichen.

Tipp:

Die Vinaigrette schmeckt auch zu Blattsalaten, zu Nudel- oder Kartoffelsalaten.

Ramen-Nudelsalat

Cremig, spicy, kühl und erfrischend durch Sushi-Ingwer – so gehen Ramen-Nudeln als Sommersalat.

Die Zuckerschoten längs in dünne Streifen schneiden, die Nudeln nach Packungsanweisung in Salzwasser kochen, die Zuckerschotenstreifen in den letzten 2 Minuten zugeben. Abgießen und in einem Sieb unter kaltem Wasser abkühlen, dann abtropfen lassen.

Für das Dressing den Seidentofu mit Mayonnaise, Miso, Dashi, Zitronensaft und -abrieb in einem hohen Mixbecher mit dem Stabmixer cremig pürieren. Den Ingwer grob hacken. Die Nudeln mit dem Dressing und dem Ingwer mischen, mit Radieschen-Kresse toppen und nach Geschmack mit Chili schärfen.

Gesund-Tipp:

Mayonnaise ist normalerweise eine kalorien- und fettreiche Angelegenheit. Sie besteht zu ca. 80 Prozent aus Fett. Wir haben eine gesündere, japanisierte Variante entwickelt – mit cremigem Seidentofu, der einen hohen Wasseranteil mitbringt. Dadurch kommen wir mit viel weniger Kalorien und Fett aus. Etwas „richtige" Mayonnaise ist trotzdem drin – für den Geschmack.

100 g Zuckerschoten
120 g Ramen-Nudeln
(oder Somen- bzw.
Mie-Nudeln)
Salz
50 g Seidentofu
2 TL Mayonnaise
20 g helle Miso-Paste
(z. B. Shiro Miso)
50 ml Dashi
Saft und Abrieb
von ½ Bio-Zitrone
25 g eingelegter Sushi-Ingwer
1 Kästchen Rote-Radieschen-Kresse
Piment D'Espelette
(oder anderen Chili)

Gesunde Lieblinge

Ingwer

Ist nicht nur als Würzmittel unschlagbar, sondern hat auch gesundheitsfördernde Eigenschaften: Er bringt die Verdauung in Schwung und lindert Übelkeit und Erkältungen. Seine ätherischen Öle sind flüchtig, deshalb zerkleinere ihn am besten erst kurz vor der Zubereitung, sonst verliert er an Aroma, ebenso durch lange Lagerung. Seine Schale kannst du mitessen (gründlich waschen), alternativ mit der Kante eines Löffels oder dem Sparschäler abschaben.

Sesamsamen

Die powervollen Körner sind reich an ungesättigten Fettsäuren, Ballaststoffen, aber auch den Mineralstoffen Kalzium, Magnesium und Kalium. Dadurch stärken sie Nerven und Knochen, beugen Osteoporose vor und regen die Verdauung an. Übrigens: Schwarzer Sesam ist die Urform und besonders nährstoffreich. In der japanischen Küche kommen die Samen unter anderem in der traditionellen Würze Gomasio zum Einsatz – eine Mischung aus Sesam und Meersalz.

Lachs

Reich an hochwertigem Protein versorgt er dich mit Jod und ist eine Quelle für Omega-3-Fettsäuren, die vor allem in fetten Seefischen stecken. Etwa ein Drittel der Fischbestände ist bedroht oder bereits überfischt. Greif am besten zu Öko-Lachs aus Aquakulturen, deren Produktion strengen umwelt- und tierfreundlichen Richtlinien unterliegt. Wildlachs stammt am besten aus dem Pazifik, wo die meisten Bestände in guter Verfassung sind. Gut für Tier, Mensch und Umwelt: Gönn dir nur hin und wieder mal eine kleine Portion.

Rohkost-Gemüsesalat

mit Miso-Dressing, gerösteten Nüssen und Wildreis

Wildreis und Nüsse
100 g roter Wildreis
Salz
50 g Nussmischung
(z. B. Cashews, Haselnüsse
und Mandeln)

Rohkost
1 dicke Karotte
1 Zucchini
½ Apfel
Salz
Reisessig

Miso-Dressing
20 g helle Miso-Paste
80 ml Sojasahne
2 EL Reisessig
1 TL Ahornsirup
2 EL Orangensaft
Salz
Chiliflocken
Koriandergrün

Den Wildreis in einem Sieb unter fließendem Wasser waschen. 350 ml Wasser in einem Topf mit dem Reis aufkochen, leicht salzen und zugedeckt 50 Minuten sanft simmernd garen.

Den Backofen auf 180 °C vorheizen. Die Nussmischung salzen, auf einem Blech mit Backpapier verteilen und im Ofen 12 Minuten rösten. Herausnehmen, abkühlen lassen und nur grob hacken.

Für die Rohkost Gemüse und Apfel schälen und mit dem Gemüsehobel oder dem Julienneschneider in Streifen schneiden. Mit Salz würzen, mit wenig Essig besprenkeln.

Für das Dressing aus Miso, Sojasahne, Reisessig, Ahornsirup und Orangensaft ein Dressing anrühren. Mit Salz und Chili würzen. Die Gemüsestreifen unterheben, evtl. nochmals mit Salz und Essig abschmecken. Mit gezupftem Koriander und Nussmischung getoppt zum Reis servieren.

Gesund-Tipp:

Rotschaliger Reis bekommt seine Farbe durch die tonhaltige Erde, auf der er wächst. Er wird ungeschält angeboten, innen ist er weiß. Da viele Vitamine und Mineralstoffe in oder direkt unter der Schale sitzen, bringt der Reis ein dickes Nährstoffplus mit. Aber Vorsicht: Verwechsle rotschaligen Reis nicht mit fermentiertem rotem Reis. Den gibt es in Pulver- oder Kapselform zur Nahrungsergänzung, er kann gesundheitsgefährdend wirken.

Tipp:

Das Miso-Dressing schmeckt auch zu Blattsalaten, zu gedünstetem und gebratenem Gemüse, als Dip zu Snackgemüse. Super auch für Nudel- oder Kartoffelsalat!

Scharfer Nudelsalat

„Shichimi Togarashi“

Gebratenes und roh mariniertes Gemüse geben dem Nudelsalat Tiefe und Frische gleichermaßen – fruchtig scharf wird es durch die japanische Pfeffermischung Shichimi Togarashi.

100 g Vollkorn-Mie-Nudeln (wahlweise Mie-Nudeln oder Ramen-Nudeln)
4 EL Reisessig plus etwas zusätzlich
1 EL Ahornsirup
2 EL Sojasauce
Shichimi Togarashi*
1 Frühlingszwiebel
1 kleine Bio-Snack-Gurke
Salz
4 Radieschen
150 g Pak Choi
50 g Zuckerschoten
150 g Seitan (oder Lieblingstofu)
3 EL Pflanzenöl

Die Nudeln nach Packungsanweisung kochen, abgießen und in kaltem Wasser abkühlen. Im Sieb abtropfen lassen. Aus 4 EL Reisessig, Ahornsirup, Sojasauce und 1–2 Msp. Shichimi Togarashi eine Vinaigrette anrühren. Die Frühlingszwiebel längs halbieren, fein schneiden und unterrühren.

Die Gurke fein schneiden, mit Salz würzen, mit etwas Reisessig beträufeln. Die Radieschen zuerst in Scheiben, dann in Streifen schneiden und in kaltes Wasser legen. Den Pak Choi waschen und trocken schleudern, die weißen Stiele schräg in breite Streifen schneiden, die Blätter separat grob zupfen. Die Zuckerschoten längs in feine Streifen schneiden.

Den Seitan würfeln. Das Öl in einer Pfanne erhitzen, die Würfel darin mit den Pak-Choi-Streifen hellbraun anbraten. Zuckerschoten und Pak-Choi-Blätter zugeben und 2–3 Minuten weiter rührbraten. Alles in eine Schüssel geben und leicht abkühlen lassen.

Das Bratgemüse mit den Nudeln mischen, die abgetropften Gurkenscheiben untermengen, alles mit der Vinaigrette mischen. Eventuell leicht nachsalzen und optional zusätzlich mit Shichimi Togarashi individuell nachschärfen. Mit abgetropften Radieschen-Streifen bestreut servieren.

***Shichimi Togarashi** ist die beliebte „Sieben-Gewürz-Chilipfeffer“-Mischung, die es überall in Japan (und bei uns im Asia-Laden oder online) zu kaufen gibt. Hauptaromen sind Chili, Sansho-Pfeffer und Mandarinenschale, in der Würzmischung finden sich zudem auch Mohn, Hanf, Sesamsamen und Aonori-Seetang.

Wer keine fertige Gewürzmischung bekommt, würzt einfach nach Geschmack mit etwas schwarzem Pfeffer, Chiliflocken und etwas fein abgeriebener unbehandelter Orangen- oder Mandarinenschale.

Zaru Soba –

Sommernudeln mit Avocado

Ein Klassiker der japanischen Küche an heißen Sommertagen sind kalte Soba (Buchweizen-)Nudeln mit einer leichten, zitronenfrischen Würzsauce. Hier als Sommersalat mit Erbsen und Avocado, begleitet von Sushi-Ingwer, geriebenem Rettich und Wasabi zum individuellen Nachschärfen.

200 g Soba-Nudeln
Salz
80 g Erbsen (frisch oder TK und aufgetaut)
½ Zitrone
1 Mandarine oder kleine Saftorange (oder 2–3 EL Orangen-Direktsaft)
2 EL Dashi
2 EL Mirin (oder Ahornsirup)
2 EL helle Sojasauce
1 Avocado
Blutampferkresse (optional)
50 g weißer Rettich
eingelegter Sushi-Ingwer
Wasabi-Paste
Lieblings-Sojasauce oder Shoyu-Würze „Hausblend“ (s. S. 70)

Die Nudeln nach Packungsanweisung in Salzwasser kochen, die Erbsen in den letzten 2 Minuten zugeben. Abgießen und im Sieb unter kaltem Wasser abkühlen, dann abtropfen lassen.

Zitrone und Mandarine auspressen. Aus Zitronen- und Mandarinensaft, Dashi, Mirin und Sojasauce eine Vinaigrette anrühren. Die Avocado längs halbieren und schälen, den Kern entfernen. Das Fruchtfleisch mundgerecht würfeln. Avocado, Nudeln und Erbsen mit der Vinaigrette mischen. Die Sommernudeln optional mit Blutampferkresse-Blättchen bestreuen.

Den Rettich schälen und fein reiben, trocken ausdrücken und mit Sushi-Ingwer, Wasabi und Sojasauce zu den Soba-Nudeln servieren.

Tipp:

Klassisch reicht man zu den Soba-Nudeln noch in feine Streifen geschnittene Nori-Algen (geht am besten mit der Schere) und frisch geschnittene Frühlingszwiebelringe.

Buntes Gemüse-Bento

Die Schnelle Nummer mit übrigem Reis, der anderntags zum Unterwegs-Lunch wird.

½ rote Paprikaschote
Salz
(Reis-)Essig
Chili-Öl
1 Handvoll grüne Bohnen
250 ml Dashi
2 EL Edamame-Bohnenkerne (oder Maiskörner bzw. Kichererbsen)
2 EL Sojasauce
1–2 TL Ahornsirup
200 g Reis vom Vortag
1–2 TL Mayonnaise
80 g Erbsen
6 bunte Kirschtomaten
2 eingelegte Eier (s. S. 69)
Sojasauce
Sesamsalz „Gomasio" (s. S. 66)

Die Paprika von Samen und Scheidewänden befreien, in Streifen schneiden, salzen und mit Essig besprenkeln, mit einem Tropfen Chili-Öl leicht schärfen. Die Bohnen putzen, halbieren oder dritteln und in einem kleinen Topf mit Dashi 6 Minuten köcheln. Die Edamame zugeben und nochmals 3 Minuten köcheln.

Die Gemüse mit einer Schaumkelle herausnehmen und kalt abschrecken. Das Dashi weiterköcheln lassen. Aus Sojasauce, Ahornsirup und 2 EL Reisessig eine Vinaigrette anrühren, leicht salzen und die grünen Bohnen mit den Edamame damit marinieren.

Den Reis mit der Mayonnaise mischen und lockern, leicht salzen. Die Erbsen 3 Minuten im Dashi garen, dann kalt abschrecken und unter den Reis mengen.

Den Reis mit Kirschtomaten und eingelegten Eiern in Bento- oder Lunchboxen anrichten. Das Gemüse dazu anrichten. Sojasauce und Gomasio zum Nachwürzen mitnehmen. Optional auch Reisgebäck zum Knabbern einpacken.

Gesund-Tipp:

Bohnen, Edamame und Erbsen aus dieser Bento-Box liefern dir reichlich Ballaststoffe und so viel Eiweiß, dass du die eingelegten Eier auch mal weglassen kannst. Ballaststoffe und Eiweiß sind die beiden Stoffe, die dafür sorgen, dass du lange satt bist und Heißhungerattacken ausbleiben. Darüber hinaus sind Eiweiße wichtige Bestandteile von Zellen, Enzymen und Hormonen, während Ballaststoffe deinen Darm gesund halten.

Schnelle Mittags-Ramen

Die Mittags-Ramen sind superschnell gemacht, weil alle Zutaten für die stärkende Nudel-Bowl zusammen in die Suppe kommen.

120-150 g Ramen-Nudeln
Salz
80 g Babyspinat
50 g Sojasprossen
(oder Mungobohnensprossen)
3–4 EL Mais (Dose)
400 ml Gemüsebrühe
100 ml Dashi
2 EL Miso-Paste
1 EL Sojasauce
1 EL Mirin

optional dazu:
eingelegte Eier (s. S. 69)
Gurken-Amazuke (s. S. 73)
eingelegter Sushi-Ingwer
gerösteter Nori-Algen-Snack

Die Nudeln nach Packungsanweisung in Salzwasser garen. Spinat und Sprossen waschen und trocken schleudern, den Mais abgießen.

Brühe, Dashi, Miso, Sojasauce und Mirin in einem Topf aufkochen. Spinat, Sprossen und Mais zugeben und nochmals aufkochen. Die Nudeln abgießen und heiß zugeben.

Dazu schmecken optional eingelegte Eier, Gurken-Amazuke, Sushi-Ingwer und gerösteter Algen-Snack.

Gesund-Tipp:

Sprossen sind kleine Powerpakete voller Vitamine, Mineralstoffe, Eiweiße, Ballaststoffe und gesundheitsfördernder sekundärer Pflanzenstoffe. Durch das Keimen steigt der Gehalt einiger Nährstoffe stark an. Allerdings landen die Mini-Pflänzchen oft nur in Mini-Mengen auf dem Teller. Macht nichts – sie schenken dir dennoch Frische, Geschmack und eine Nährstoffdusche.

Tipp:

Nudeln, Spinat und Sprossen kannst du auch vorkochen und kalt abgeschreckt und abgetropft mit den übrigen Einlage-Zutaten in einer Box mitnehmen. Die Suppe dazu kalt oder heiß zusammenrühren und in einer Thermoskanne mitnehmen.

Bulgur-Bento

Saftiger, körniger Bulgur mit Gemüse, Bohnen und japanischer Würzung. Ideal als kleine Mahlzeit, die warm und kalt schmeckt, in einer Bento- oder Lunchbox mit eingelegtem Ei und Gurken-Amazuke für unterwegs.

1 kleine dicke Karotte
150 g weißer Rettich
Salz
4–6 Shiitakepilze
100 g rote Bohnen (Dose)
100 g Edamame-Bohnenkerne (oder Erbsen)
1 Schalotte
3 EL Pflanzenöl
120 g Bulgur
250 ml Gemüsebrühe
50 ml Dashi
2 EL helle Sojasauce

optional:
Rote Rettichkresse
Gurken-Amazuke (s. S. 72) mit geröstetem Sesam (s. S. 66)
eingelegte Eier (z. B. Rote-Bete-Ei, s. S. 69)

Karotte und Rettich schälen, in Würfel von ca. 0,5 cm schneiden und salzen. Die Shiitake sehr fein würfeln. Bohnen und Edamame im Sieb abbrausen. Die Schalotte schälen und fein würfeln.

Das Öl in einem Topf erhitzen, Shiitakewürfel und Schalotte darin hellbraun anbraten. Karotte und Rettich zugeben und glasig dünsten. Den Bulgur einrühren. Mit Gemüsebrühe, Dashi und Sojasauce auffüllen, dann Bohnen und Edamame zugeben. Mit einer Prise Salz würzen und zugedeckt aufkochen. 1 Minute sanft köcheln lassen, dann vom Herd nehmen und zugedeckt 15 Minuten quellen lassen.

Den Bulgur entweder in die Box geben oder anrichten (fürs Foto eine Portion heiß aus einer geölten Tasse gestürzt) und mit Rettichkresse bestreuen. Dazu schmecken Gurken-Amazuke und eingelegte Eier.

Gesund-Tipp:

Bulgur sind ungeschälte, geschrotete Weizenkörner, die in einem speziellen Verfahren vorgegart wurden. Dadurch wandern Nährstoffe aus den äußeren Schichten nach innen und gehen beim Schälen nicht verloren. Das sichert Bulgur einen gewissen Nährstoffreichtum. Er versorgt dich unter anderem mit Eiweiß, Eisen und Magnesium. Du kannst nach Lust und Laune Reis immer mal wieder gegen Bulgur austauschen.

Gebratener Gemüse-Nudelsalat

1 Bio-Snack-Gurke
Salz
(Reis-)Essig
1 Karotte
50 g Stängelbrokkoli (Wildbrokkoli)
1 rote Langpaprika
¼ Römersalatherzen
1 Handvoll Sprossen
80 g Soba-Nudeln (im Bild Grüntee-Soba „Cha Soba“)
50 ml Dashi
3 EL Sojasauce
1 EL Ahornsirup
2 EL Sake
10 g eingelegter Sushi-Ingwer
150 g Tofu
2 EL Pflanzenöl
1 Kästchen Daikonrettich-Sprossen
1 EL Sesamsalz „Gomasio"

Die Gurke streifig schälen, in Scheiben schneiden, salzen und mit etwas Essig besprenkeln. Die Karotte schälen und in feine Scheiben schneiden. Die Stängelbrokkoli-Stiele schälen und halbieren. Die Langpaprika halbieren, von Samen und Scheidewänden befreien und in Streifen schneiden. Das Gemüse salzen.

Den Salat mundgerecht zupfen, mit den Sprossen waschen und trocken schleudern. Die Nudeln nach Packungsanweisung in Salzwasser garen. Für die Vinaigrette Dashi mit Sojasauce, Ahornsirup, Sake und 1 TL Essig verrühren. Den Ingwer fein schneiden und unterrühren. Den Tofu in mundgerechte Würfel schneiden.

Das Öl in einem Wok oder einer großen beschichteten Pfanne erhitzen, Brokkoli, Karotte, Paprika und Tofu darin 3–5 Minuten rührbraten. Die Sprossen leicht salzen und 1 Minute mitbraten.

Die Nudeln durch die Vinaigrette ziehen, abtropfen lassen und auf einer Platte auslegen. Mit Bratgemüse, Tofu, Salat und Gurken toppen, die übrige Vinaigrette darübergeben. Mit Daikon-Sprossen bestreut servieren. Sesamsalz zum individuellen Nachwürzen dazu reichen.

Gesund-Tipp:

Dieser Salat ist eine ausgewogene Mahlzeit nach den Prinzipien des gesunden Tellers: reichlich Gemüse, das etwa die Hälfte der Portion ausmacht, etwa ein Viertel Kohlenhydrate in Form von Soba-Nudeln und etwa ein Viertel Eiweiß. Den Eiweißlieferanten Tofu kannst du nach Belieben gegen Edamame, Bohnen, Seitan, Hühnchen, Lachs oder Ei austauschen.

Onigirazu –

Sushi-Sandwiches

Eine Mischung aus üppig belegtem Sandwich und Sushi-Happen, das sind Onigirazu – die japanische Version der heimischen Klappstulle. Richtig gut! Onigirazu lassen sich prima vorbereiten und sind sehr variabel.

Für vier Stück brauchst du **200 g Sushi-Reis** (einfach nach der Grundrezept-Anleitung für gesäuerten Sushi-Reis auf S. 87 zubereiten und abkühlen lassen)

Was reinkommt …

… bestimmst du. Fürs Foto habe ich gebratenen Lachs verwendet und mit eingelegtem Roten Rettich (s. S. 73), Gurken, Karottenstreifen und Spinatblättern kombiniert. Das zweite Sandwich enthält Seitan-Scheiben, die ich in ein Nori-Blatt gewickelt habe, dazu Karottenscheiben und Spicy Rotkohl (s. S. 78). Die dritte Variante enthält Ei-Scheiben, Sushi-Ingwer und frisch gehobelte Radieschen mit Kresse.

Du kannst auch Krautsalat (s. S. 120) verwenden, Amazuke (s. S. 73) und Asazuke (s. S. 78). Tofu-Scheiben, Avocado, ein Hähnchen-Schnitzel (s. S. 102) oder Graved Lachs (s. S. 41). Dazu Salate, Sprossen und Kräuter, Dips, sogar Frischkäse und Saucen nach Geschmack.

Onigirazu zusammenbasteln

Wichtig nur: **eine haselnussgroße Menge Wasabi-Paste** mit etwas Wasser verrühren, sodass eine leicht verstreichbare Creme entsteht. Jeweils ein Nori-Blatt mit der glänzenden Seite nach unten auf Folie legen. Die Hälfte des Reises mittig und rund auf die insgesamt **vier Noriblätter** verteilen, dabei die Reisschicht locker mit befeuchteten Händen ca. 0,5 cm hoch auftragen.

Mit Wasabi-Creme bestreichen und nach Geschmack nicht zu hoch und zu üppig belegen. Jetzt den Belag mit dem übrigen Reis kuppelförmig toppen, die Noriblätter final über der Füllung zusammenfalten und andrücken. Mithilfe der Folie eng aufrollen und zusammendrücken. Bis zum Servieren kühl stellen. Jede Rolle mit einem scharfen Messer halbieren, auswickeln und genießen.

Mit Shoyu-Würze „Hausblend“ (s. S. 70) oder Sojasauce, Wasabi und **eingelegtem Sushi-Ingwer** servieren.

Gesund-Tipp:

Sushi-Sandwiches sind eine gesunde Alternative zu Sandwich, Wrap, Pitatasche und Co. Und weil sie ganz ohne Weißmehl auskommen, sind sie sogar – je nach Sojasauce – glutenfrei. Nori-Algenblätter versorgen dich mit Jod (wichtig für die Schilddrüse), Ei, Lachs, Hühnchen oder Tofu bringen sättigendes Eiweiß. Probier doch mal Wildreis, der bringt noch mehr Mineralien und Ballaststoffe mit. Das macht dich länger satt und unterstützt deine Verdauung.

軽食

Snacks

Sesamsalz

„Gomasio“ & Gewürztes Sesamsalz „Furikake“ mit Edamame

Sesamsalz „Gomasio“

Das japanische Sesamsalz „Gomasio“ ist schnell gemacht, lässt sich gut vorbereiten und hält dann in einem Schraubglas im Gewürz-Schrank wochenlang. Grandios zum Frühstücksei, über Ramen, zu Gemüse ... und natürlich zum Edamame-Snack.

70 g weiße Sesamsamen
10 g Salz

Den Sesam in einer Pfanne ohne Fett goldbraun anrösten und abkühlen lassen. Im Verhältnis 7:1 mit Salz mischen. Im Mörser oder Mixer nach Wunsch mahlen, besonders hübsch ist es, wenn hier und da noch ganze Sesamsamen erkennbar sind.

Furikake – Gewürztes Sesamsalz

Furikake-Streuwürzungen (*Furu* heißt „streuen“, *kakeru* „bedecken“) basieren auf Sesamsalz. Die individuell zusammengestellten Streuwürzen sind in Japan echt beliebt auf Gemüsegerichten, Ramen, Reis und Eierspeisen.

50 g weiße Sesamsamen
20 schwarze Sesamsamen
5 g Salz
20 g dänische Röstzwiebeln
1–2 EL Aonori-Algenpulver
Piment D'Espelette (oder Chiliflocken)

Beide Sesamsorten gemeinsam in einer Pfanne ohne Fett rösten, bis die hellen Samen goldbraun sind. Abkühlen lassen. Mit Salz mischen. Im Mörser oder Mixer nur grob mahlen. Röstzwiebeln fein mahlen und mit Aonori und Chili nach Geschmack untermengen.

Sesam rösten

Sesam lässt sich ohne Zugabe von Fett minutenschnell bei mittlerer Hitze rösten. Die Sesamsamen dabei in Bewegung halten. Schwarzen Sesam röstet man am besten immer mit ein paar einzelnen Körnern hellem Sesam, die den Röstfortschritt zeigen.

Mit 1–2 Tropfen Öl geröstet glänzt der Sesam schön und etwaiges Salz hält besser an der Saat.

1–2 Tropfen Sesamöl, ganz zu Schluss zugegeben, heben den Eigengeschmack des Sesams. Diesen Sesam direkt oder zeitnah verwenden, denn Sesamöl neigt dazu, schnell ranzig zu werden.

Gesund-Tipp:

Sesamsamen sind bedeutende Nährstoffschätze. Sie bringen beispielsweise mehr als sechs Mal so viel Kalzium wie Milch- und Milchprodukte mit, die hierzulande Kalzium-Lieferant Nummer eins sind. Leider kann unser Körper nur einen kleinen Teil des Kalziums aus Sesam aufnehmen. Ausreichend Kalzium ist wichtig für Knochen und Zahngesundheit sowie ein Osteoporose-Schutz. Aber auch andere Mineralien wie Magnesium, Phosphor, Zink und Eisen machen Sesam wertvoll für die Gesundheit. Die kleinen Samen gibt es übrigens in Goldgelb oder Schwarz. Schwarzer Sesam ist die noch nährstoffreichere Urform.

Ajitsuke Tamago
– Eingelegte Eier

Würzig eingelegte Eier gehören zum Kanon der japanischen Küche, als Topping für Ramen, als Beigabe zu Salaten, Reis-Bowls und Bentos. Hier drei Varianten für jeden Geschmack.

Die Zubereitung funktioniert immer gleich: Alle Zutaten aufkochen, den Sud abkühlen lassen und in ein hohes Schraubglas oder einen Zipperbeutel füllen.

Die Eier anpiken und in Wasser 8 (wachsweich) bis 10 Minuten (hart) kochen. In kaltem Wasser abschrecken und abkühlen, dann pellen. Die gepellten Eier in den Sud einlegen und mindestens 6 und bis zu 12 Stunden darin marinieren.

Tipp:

Die Eier schmecken besonders gut auch zu eingelegtem Sushi-Ingwer, sie lassen sich mit Sesamsalz würzen (s. S. 66) und mit Wasabi schärfen.

Ajitsuke Tamago klassisch

50 ml Sojasauce
1 EL Reisessig
50 ml Mirin
50 ml Sake (oder Dashi)
2–4 Eier

Miso Tamago

50 ml Sojasauce
100 ml Wasser
40 g Miso
50 ml Mirin
50 ml Sake (oder Dashi)
2–4 Eier

Rote-Bete-Eier

150 ml Rote-Bete-Saft
2 EL Reisessig
50 ml Wasser
50 ml Ahornsirup
50 ml Sake (oder Dashi)
2–4 Eier

Avocado Sashimi Style & Shoyu-Würze „Hausblend"

Avocado Sashimi Style

Avocado und Sojasauce sind ein Traumpaar! Gerösteten Sesam dazu und Sushi-Ingwer – fertig ist der schnelle Snack! Ganz besonders dazu: der Shoyu (Sojasauce)-Hausblend. Schmeckt auch zu Sushi.

1 Avocado
(Reis-)Essig
1 EL gerösteter Sesam (s. S. 66)
Sushi-Ingwer nach Geschmack
Lieblings-Sojasauce oder
Shoyu-Würze „Hausblend" (s. u.)

Die Avocado längs halbieren und schälen, den Kern entfernen. Das Fruchtfleisch mundgerecht würfeln, mit etwas Reisessig besprenkeln und durchmischen. Mit Sesam, Sushi-Ingwer und Sojasauce oder Shoyu-Würze servieren.

Shoyu-Würze „Hausblend"

Besonders gut schmeckt es, wenn du statt Sojasauce deinen eigenen Sojasaucen-Blend individuell anrührst. Mit den Mengen kannst du nach Geschmack spielen, zum Beispiel:

3 EL Sojasauce
3 EL Dashi
1 TL Mirin (oder 1 gestr. TL Puderzucker)
1 TL Sake (optional)

Diese Allround-Würze eignet sich auch zum Abschmecken von Ramen, Eintöpfen und Reisgerichten, als Dip-Sauce zu Gemüse und Nudeln.

軽食

Amazuke –

Eingelegtes und gepickeltes Snack-Gemüse

In Japan gehören Amazuke zu jedem Essen und in jede Bentobox. Auch ich habe immer frisches, aromatisches und vor allem knackiges Knabbergemüse im Kühlschrank: superschnell gemacht, auch auf Vorrat und gegen den kleinen Hunger. Hier ein paar Anregungen:

Schnelle und einfache Amazuke

Dafür braucht es nicht mal Mengenangaben: einfach Lieblingsgemüse, z. B. Karotten, Gurken, Radieschen, Zucchini und Kohlrabi putzen, mundgerecht schneiden. Salzen und mit etwas (Reis-)Essig besprenkeln. Das Ganze ca. 5 Stunden marinieren und bis zu 4 Tage im Kühlschrank aufbewahren.

Amazuke-Einlege-Sud auf Vorrat

200 ml Reisessig
50 g Zucker
50 g Mirin
10 g Salz

Alle Zutaten aufkochen, abkühlen lassen und in einem Schraubglas im Kühlschrank aufbewahren. Hält locker 2 Monate und du musst nur noch Gemüse schnippeln, jeweils mit etwas vom Sud begießen und wie oben beschrieben weiterverfahren.

Shoyu-Zuke-Marinade

50 ml helle Sojasauce
1 TL Reisessig
½ TL Zucker

Alle Zutaten miteinander verrühren. Lieblingsgemüse schnippeln, mit der Marinade mischen und 2–4 Stunden marinieren. Bis zu 4 Tage abgedeckt im Kühlschrank aufbewahren. Durch die Sojasauce verfärbt sich das Gemüse dunkel und schmeckt super würzig und aromatisch. Gut geeignet für Gurken und Rettich oder Karotten.

Shio-Zuke-Salzlake

25 g Salz
500 ml Wasser
Lieblingsgemüse (z. B. Fingermöhren, Bio-Snack-Gurken etc.)

Verblüffend: Du brauchst nur Wasser und Salz. Das Salz im Wasser auflösen. Gemüse im Ganzen ins Wasserbad im Kühlschrank legen und nach 8 Stunden (oder über Nacht) hast du knackiges, aromatisches Gemüse, dessen Eigengeschmack potenziert wurde. Klein geschnippelt als Snackgemüse, zu Bowls und Reisgerichten reichen.

Varianten: Der hübsche Rote Bio-Rettich bekommt seine Farbe beim Einlegen durch die eigene Schale, hier kombiniert mit zwei Streifen Kombu-Alge, die du optional zu jeder Amazuke-Marinade geben kannst. Auch eingelegter Sushi-Ingwer lässt sich nach Geschmack der Marinade zufügen, wie zum Beispiel beim Kohlrabi-Amazuke auf dieser Seite. Wer mag, würzt die Marinaden auch subtil mit Chiliflocken oder Shichimi Togarashi.

Amazuke aufbewahren: Zum Marinieren und Aufbewahren von Amazuke-Gemüse lassen sich sauber ausgewaschene Schraubgläser, verschließbare Snack-Boxen oder recycel- bzw. kompostierbare Zipperbags nutzen.

Onigiri-Reisbällchen

Die leckersten Reissnacks für unterwegs und zwischendurch entstehen oft auch aus übrigem Sushi-Reis. In Japan ist die Dreiecksform kategorisch, die handlichen Bällchen sind einfacher hergestellt.

Für 6 Bällchen
200 g gekochter kalter Sushi-Reis (zubereitet nach dem Grundrezept auf S. 87)
Salz

gerösteter Nori-Algen-Snack
eingelegter Sushi-Ingwer nach Geschmack
Lieblings-Sojasauce oder Shoyu-Würze „Hausblend" (s. S. 70)

Den Reis in drei Schalen aufteilen.

Für die Gemüse-Onigiri

¼ rote Paprikaschote
1 EL Erbsen (frisch oder TK und aufgetaut)
Salz

Ein kleines Stück rote Paprika fein würfeln und mit den Erbsen in Salzwasser 3 Minuten kochen. In kaltem Wasser abkühlen und zwischen Küchenpapier abtrocknen.

Für die Lachs-Onigiri

1 Msp. getrocknete Wakame-Algen
1 Stück Lachs à 50 g
1 TL Pflanzenöl

Wakame-Algen mit heißem Wasser übergießen und quellen lassen. Ein kleines Stückchen Lachs in einer Pfanne im Öl 4–6 Minuten braten, abkühlen lassen und zupfen. Die Wakame grob schneiden.

Für die Furikake-Onigiri

1–2 TL Gewürztes Sesamsalz „Furikake" (s. S. 66)

Den Reis mit den Beigaben mischen und zu Bällchen formen. Arbeite mit Küchenhandschuhen und befeuchte die Handflächen ganz leicht mit Wasser, so bleibt der Reis beim Formen nicht so stark kleben.

Nori-Algen-Snack separat dazulegen und erst unmittelbar vor dem Verzehr um die Bällchen legen. Die Streifen dienen als essbare, knusprige „Handserviette". Mit Sojasauce und Shoyu-Würze reichen.

Varianten: Onigiri lassen sich mit allerlei Beigaben und Würzungen vermengen, nur kleinteilig bzw. gehackt müssen die Zutaten sein, z. B. gebratene Pilze, Frühlingszwiebeln, Nüsse, gerösteter Sesam, Umeboshi-Pflaumen (s. S. 27).

Dazu passen Amazuke oder Asazuke, im Bild Zucchini-Amazuke (s. S. 73)

Die große Knabberei

Knusprige Wan-Tan-Blätter mit Sesam, salziges Aonori-Popcorn und Kohlrabi-Möhren-Amazuke mit Sesam-Dip: das perfekte Trio für gepflegtes Binge Watching oder den nächsten Spieleabend.

Kohlrabi-Möhren-Amazuke

Die Gemüse ca. 5 Stunden vor der Knabberei oder auch am Vortag marinieren und ziehen lassen.

2 Karotten
1 kleiner Kohlrabi
Salz
(Reis-)Essig
Mirin
Radieschenkresse

Karotten und Kohlrabi schälen, in dicke Scheiben, dann 5–6 cm lange Stifte schneiden. Mit Salz würzen. Mit Essig und wenig Mirin besprenkeln und mindestens 5 Stunden ziehen lassen. Oder du verwendest bereits den vorgekochten Amazuke-Einlegsud von Seite 73. Mit Radieschenkresse bestreut servieren.

Sesam-Dip

2 EL Tahin (Sesampaste)
2 EL Mayonnaise
2 EL Orangensaft
1 EL Sojasauce
1–2 Spritzer Reisessig
1–3 Msp. Sriracha-Chilisauce

Aus den Zutaten mit dem Schneebesen eine cremige Dip-Sauce rühren.

Wan-Tan-Sesamcracker

Wan-Tan-Teigblätter
1 Eiweiß
gerösteter Sesam (s. S. 66)
Salz

Die Wan-Tan-Blätter auftauen und auf einem Blech mit Backpapier auslegen. Den Backofen auf 200 °C Umluft vorheizen. Das Eiweiß verrühren und die Teigblätter dünn damit bestreichen. Mit Sesam bestreuen und leicht salzen. Im Ofen 6–8 Minuten knusprig backen.

Aonori-Popcorn

1 EL Pflanzenöl
100 g Popcorn-Maiskörner
Salz
1 EL Butter
2 EL Aonori-Algenpulver*
Chiliflocken
Zucker

Das Öl in einem großen Topf mit Deckel erhitzen, den Popcorn-Mais zugeben und ordentlich durchschütteln. Salzen, den Deckel aufsetzen und bei mittlerer Hitze erwärmen, ab und zu den Topf rütteln. Nach ungefähr 7 Minuten beginnt das Popcorn zu poppen, nach 3–4 Minuten wird es langsam leiser.

Die Butter schmelzen, dann noch warm in einer Schüssel mit dem ebenfalls warmen Popcorn mischen. Aonori und Chiliflocken nach Geschmack unterrühren. Nach Belieben salzen und/oder zuckern und am besten immer direkt und frisch servieren.

***Aonori** ist gemahlenes Nori-Algenblatt und bei uns im Asia-Laden, dem Biosupermarkt und im Reformhaus erhältlich.

Asazuke –

Fermentiertes Gemüse und Salate

Wie die Amazuke (s. S. 73) gehören auch die Asazuke zur großen Familie der Tsukemono-Snackgemüse. Hier kommen drei salz- bzw. milchsauerfermentierte Rezeptideen: erfrischend, einfach vorbereitet und immer zur Hand. Ideal auf Sandwiches, für Bentos und Bowls.

Fermentierter Gartengemüsesalat

ca. 750 g gemischtes Biogemüse, z. B.:
3 dicke Karotten
1 Kohlrabi
½ Spitzkohl
unraffiniertes feines Meersalz

Karotten und Kohlrabi schälen, mit dem Gemüsehobel oder dem Julienneschneider in Streifen schneiden. Den Spitzkohl entstrunken und fein schneiden.

Die Gemüsestreifen wiegen, es sollten ca. 500 g sein. Auf diese Menge 10 g Salz geben (immer 2 % des Gemüsegewichts, ggf. hoch- oder runterrechnen; Dreisatzrechner online!) und kräftig durch- und weichkneten. Die Gemüsestreifen mit dem ausgetretenen Saft in ein großes, zuvor heiß ausgespültes Weckglas geben und kräftig zusammendrücken.

Die Gemüsestreifen jetzt mithilfe einer vollen Wasserflasche (den Sockel der Flasche in Folie hüllen) unter die ausgetretene Flüssigkeit drücken. Das weiterhin geöffnete Glas mit der beschwerenden Flaschenkonstruktion 2–3 Tage bei Zimmertemperatur stehen lassen. Es steigen irgendwann feine Bläschen auf, die Fermentation ist im Gange.

Mir schmeckt der Salat jetzt schon am besten, fein säuerlich im Aroma, wandert er zur weiteren Aufbewahrung in den Kühlschrank. Dazu die Flasche entfernen, den Deckel nur lose auflegen, das Gemüse sollte immer komplett mit Flüssigkeit bedeckt sein. Im Kühlschrank verlangsamt sich die Fermentation enorm. 2–3 Wochen schmeckt der Salat aus dem Glas, so alt wird er aber meist nicht!

Spicy Rotkohl

½ kleiner Rotkohl (ca. 500 g)
200 g Rettich
1 Apfel (z. B. Boskop)
1 Stück Ingwer (50 g)
unraffiniertes feines Meersalz

Den Rotkohl entstrunken und in feine Steifen hobeln. Rettich und Apfel schälen (den Apfel ebenfalls entkernen), längs vierteln und in feine Scheiben schneiden. Den Ingwer schälen und fein reiben.

Die Mischung wiegen, bei mir waren es 700 g. Auf diese Menge 14 g Salz geben (immer 2 % des Gemüsegewichts, ggf. hoch- oder runterrechnen, Dreisatzrechner online!). Am besten mit Küchenhandschuhen kräftig durch- und weichkneten. Der Apfel zermatscht dabei, das soll so sein. Anschließend wie den Gemüsesalat links weiterverarbeiten.

Rettich mit Ingwer

1 weißer Rettich (ca. 800 g)
1 Stück Ingwer (40 g)
unraffiniertes feines Meersalz

Rettich und Ingwer schälen und in feine Scheiben schneiden. Alles mit 14–16 g Salz (immer 2 % des Gemüsegewichts, ggf. hoch- oder runterrechnen, Dreisatzrechner online!) vermengen und in einer Schüssel, mit einem Teller und Gewichten beschwert (z. B. Konservendosen) 24 Stunden ziehen lassen. Rettich und Ingwer am nächsten Tag mit dem ausgetretenen Saft in ein großes, zuvor heiß ausgespültes Weckglas geben und kräftig zusammendrücken. Anschließend wie den Gemüsesalat links weiterverarbeiten.

伝統

Klassiker

日本 健康

Easy Gyoza

mit Shiitake-Spitzkohl-Füllung und Gyoza-Würze

Die so schmückenden wie traditionellen Faltarbeiten entfallen, darum sind unsere Gyoza eher Ravioli und werden auch nicht klassisch gebraten bzw. gedämpft. Dafür geht es im Alltag zügiger. Der Sud ist nah am Original – die klassische Dip-Sauce findet die Balance zwischen belebender Schärfe, subtiler Säure und Würzigkeit.

Gyoza

150 g Shiitakepilze
100 g Spitzkohl
2 EL Pflanzenöl
2 Frühlingszwiebeln
30 g eingelegter Sushi-Ingwer
4 EL Sojasauce
1 EL Ahornsirup
1 Pk. Gyoza*-Teigblätter
(TK, aufgetaut, 18–20 Stück)

Gyoza-Würze

6 EL helle Sojasauce
2 EL Dashi
3 EL Reisessig
1 TL Sesamöl
Chili oder Chiliöl
nach Geschmack

Für die Gyoza Shiitake vom Stiel befreien, die Hüte sehr fein würfeln, den Spitzkohl in feine Streifen schneiden. Das Gemüse in einer beschichteten Pfanne im Öl hellbraun braten. Nebenbei eine Frühlingszwiebel längs halbieren und fein schneiden. Den Sushi-Ingwer fein schneiden. Beides zum Gemüse geben und 1 EL Ingwersud, Sojasauce und Ahornsirup unterrühren. Vom Herd ziehen und rasch abkühlen (3–5 Minuten im Tiefkühler). Übrige Frühlingszwiebel schräg in feine Scheiben schneiden und in kaltes Wasser einlegen.

Teigblätter nacheinander mit einem Pinsel einseitig leicht mit Wasser befeuchten, etwas Füllung mittig verteilen, den Teig über der Füllung zusammenklappen, die Ränder fest zusammendrücken. Fertige Gyoza auf Backpapier legen.

Für die Gyoza-Würze Sojasauce, Dashi, Essig, Sesamöl und Chili nach Geschmack verrühren. Die Gyoza wahlweise in Salzwasser 4–6 Minuten kochen oder 6–8 Minuten dämpfen. In vorgewärmten Tellern servieren, mit dem Sud beschöpfen und mit der Frühlingszwiebel bestreuen.

Tipp:

*Gyoza oder Dumpling-Teig gibt es tiefgekühlt im Asia-Laden und in gut sortierten Supermärkten. Angetaute Blätter abziehen und den Rest einfach wieder einfrieren.

Maki Rolls

Regenbogen und grünes Meer

Den Reis nach der Grundrezept-Anleitung für gesäuerten Sushi-Reis auf S. 87 zubereiten.

Regenbogen-Maki

Die Bundmöhren schälen, längs vierteln. Die Paprika von Samen und Scheidewänden befreien und in feine Stifte schneiden. Die Avocado halbieren, schälen, den Stein entfernen und das Fruchtfleisch in Streifen schneiden. Das Gemüse salzen und mit Essig besprenkeln.

Grünes-Meer-Maki

Die Snack-Gurke halbieren, längs vierteln, das Kerngehäuse abschneiden, die Viertel salzen und mit Essig besprenkeln. Die Wakame-Algen mit heißem Wasser übergießen und 5 Minuten quellen lassen. Unter kaltem Wasser im Sieb abspülen, trocken ausdrücken. Die Zuckerschoten 3 Minuten in Salzwasser kochen, anschließend kalt abschrecken.

Maki-Rollen herstellen

Ein haselnussgroßes Stück Wasabi mit etwas Wasser verrühren, sodass eine leicht verstreichbare Creme entsteht. Jeweils ein Nori-Blatt mit der glänzenden Seite nach unten auf eine Sushi-Matte legen. Etwas mehr als die Hälfte des Nori-Blatts bis zu den Seitenrändern mit ungefähr einem Viertel vom Reis bedecken, die Reisschicht mit befeuchteten Händen locker flach drücken. Im oberen Drittel jetzt die jeweiligen Füllungen in Linie auflegen. Mittig einen Streifen Wasabi-Creme auf den Reis streichen. Die Sushi-Matte und das Maki von der Reisseite her eng aufrollen, die Matte dabei nochmals eng andrücken. Auf diese Weise vier Rollen herstellen.

Die fertigen Rollen eng in Folie wickeln und bis zum Servieren kühl stellen. Jede Rolle mit einem scharfen Messer in sechs bis acht Stücke schneiden und anrichten, dabei das Messer nach jedem Schnitt unter heißem Wasser reinigen.

Mit Shoyu-Würze oder Sojasauce, zusätzlich Wasabi und eingelegtem Sushi-Ingwer servieren.

Für 4 Rollen

200 g Sushi-Reis (zubereitet nach dem Grundrezept auf S. 87)
2 Bundmöhren
¼ rote Langpaprika
¼ Avocado
Salz
Reisessig
1 Bio-Snack-Gurke
1 Msp. getrocknete Wakame-Algen
8 Zuckerschoten
Wasabi-Paste
4 Nori-Algenblätter
Shoyu-Würze „Hausblend" (s. S. 70) (ersatzweise Sojasauce)
eingelegter Sushi-Ingwer

(Sushi-)Reis kochen –

für Reisgerichte und Sushi, als Beilage

Reis ist eine wichtige Säule der japanischen Küche, ein Essen ohne Reis ist nicht vollständig, mit Reis beginnen und enden alle Mahlzeiten. Meist handelt es sich dabei um Rundkornreis *Japonica*, der bei uns als „Sushi-Reis" im Handel zu finden ist und selten aus Japan, dabei oft aus Norditalien und Kalifornien kommt. Die Zubereitung gelingt mit Sorgfalt ganz einfach – beachte jedoch bei der Essensplanung, dass der Reis mehrfach gewaschen werden muss, 1 Stunde ruht und 30 Minuten gart.

Sushi-Reis für Reis-Gerichte als Beilage

Für 2 Personen
200 g Sushi-Reis
275 ml lauwarmes Wasser

Den Reis in ein feines Sieb geben, das Sieb in eine Schüssel mit kaltem Wasser stellen und waschen: Den Reis dabei mit sanftem Druck zwischen den Fingern und den Handflächen laufen lassen, dabei löst sich überschüssige Stärke. Das milchige Wasser wechseln und insgesamt siebenmal waschen – das Wasser ist jetzt ziemlich klar. Den Reis herausnehmen und abgetropft im Sieb 1 Stunde ruhen und wieder leicht antrocknen lassen.

Der Reis ist jetzt schneeweis und kommt mit exakt 275 ml handwarmem Wasser in einen bestenfalls beschichteten Topf mit gut schließendem Deckel. Den Reis leicht salzen. Den Deckel aufsetzen (und während des gesamten Garvorganges nicht öffnen) und den Reis aufkochen. Die Hitze reduzieren und den Reis so lange sanft köcheln lassen, bis er alles Wasser absorbiert hat, das dauert ca. 15 Minuten. Den Topf vom Herd nehmen und weitere 15 Minuten im geschlossenen Topf quellen lassen. Der Reis lässt sich zugedeckt im Ofen bei 80 °C warm halten, wird er nicht direkt serviert.

Sushi-Reis für Nigiri Sushi, Maki, Onigiri

Für 4 Personen
400 g Sushi-Reis
550 ml lauwarmes Wasser
2 EL Reisessig
20 g Salz

Für 2 Personen
200 g Sushi-Reis
275 ml lauwarmes Wasser
1 EL Reisessig
10 g Salz

Den Reis wie oben beschrieben zubereiten, nur ohne die Zugabe von Salz kochen. Den Reisessig mit Salz zu einer Würze verrühren. Den Reis auf eine saubere Arbeitsfläche stürzen (ein Holzbrett ist ideal) und mit einem Holzlöffel lockern, wenden und wieder ausbreiten. Den Reis mit einem Fächer oder einer Zeitschrift befächern, damit er möglichst rasch abkühlt. Zwischendurch den Reis mehrmals wenden und behutsam lockern (niemals rühren), weiter befächern. Jetzt mit der Würze besprenkeln und erneut umsichtig wenden und lockern, dabei die Würze verteilen. Jetzt kann mit der Sushi-Zubereitung begonnen werden.

Tipp:

Wenn du viel Reis kochst, lohnt die Anschaffung eines Reiskochers.

Kushiyaki –

Gemischte Gemüsespieße mit Teriyaki-Sauce

Spieße
½ rote Paprikaschote
Salz
½ kleine Zucchini
6 kleine Shiitakepilze
6 Würfel gebackener Tofu*
1 kleine rote Zwiebel
Pflanzenöl
1 Handvoll Blätter Romanasalat

Teriyaki-Sauce
4 EL Sojasauce
4 EL Dashi
2 EL Ahornsirup
1 EL Reisessig
2 EL Sake (ersatzweise mehr Dashi)
1 Stück Ingwer (20 g)
1 Knoblauchzehe

Die Gemüsespieße sind mit gebackenem Tofu aufgefädelt, er funktioniert wie ein Schwamm und saugt die köstliche Teriyaki-Schmorsauce auf. Natürlich schmeckt das Rezept auch mit Seitan oder deinem Lieblingstofu.

Für die Spieße Paprika vierteln, von Samen und Scheidewänden befreien und in möglichst gleichmäßige Stücke schneiden, dann salzen. Die Zucchini in etwas dickere Scheiben schneiden und ebenfalls salzen. Von den Shiitakepilzen die Stiele abschneiden. Die gebackenen Tofuwürfel halbieren. Die Zwiebel schälen und vierteln, die Lamellen salzen. Das Gemüse mit dem Tofu auf vier Metallspieße ziehen.

Für die Teriyaki-Sauce die Sojasauce mit Dashi, Ahornsirup, Reisessig und Sake in einem kleinen Topf verrühren. Ingwer und Knoblauch schälen und fein würfeln, zur Sauce geben und einmal aufkochen.

Etwas Öl in einer großen beschichteten Pfanne erhitzen, die Spieße darin bei mittlerer Hitze von allen Seiten 10–12 Minuten braten. Die Sauce zugießen, aufkochen und 1–2 Minuten dicklich einkochen lassen.

Die fertigen Spieße auf Salatblättern anrichten und mit der Sauce beträufeln. Dazu passt Reis (s. S. 89), der Sesam-Dip (s. S. 77) und gerösteter Sesam (s. S. 66).

Tipp:

*(Vor-)gebackenen Tofu bekommst du im Asia-Laden, dem Bio-Supermarkt (Kühlware) oder online per Kühlversand.

Yakisoba

– Bratnudeln

Für den Extra-Knack sorgen bei diesen Yakisoba-Bratnudeln die Kichererbsen. Den würzig-rauchigen Geschmack des Originals mit Speck bringt hier der Räuchertofu – klappt aber auch mit jedem anderen Lieblingstofu.

150 g Mie- oder Soba-Nudeln
50 g Kichererbsen (Glas)
2 EL Sojasauce
1–2 TL Worcestersauce
1 EL Tomatenketchup
4 EL Dashi
100 g Spitzkohl
Salz
1 Karotte
1 Frühlingszwiebel
50 g Räuchertofu
1 Schalotte
3 EL Pflanzenöl

Die Nudeln nach Packungsanweisung kochen, abgießen und in kaltem Wasser abkühlen. Die Kichererbsen in ein Sieb abgießen, abbrausen und mit den Nudeln abtropfen lassen. Aus Sojasauce, Worcestersauce, Tomatenketchup und Dashi eine Würzsauce anrühren.

Den Spitzkohl fein schneiden und salzen. Die Karotte schälen, längs halbieren und in feine Scheiben schneiden, ebenfalls salzen. Die Frühlingszwiebel in Stücke von 2 cm schneiden. Den Tofu in kleine Streifen schneiden. Die Schalotte schälen und in Streifen schneiden.

Das Öl in einer möglichst großen beschichteten Pfanne erhitzen, die Tofu-Streifen mit der Schalotte hell anbraten. Karotte und Spitzkohl zugeben und 3–4 Minuten braten. Frühlingszwiebel, Nudeln und Kichererbsen zugeben und 2–3 Minuten weiterbraten. Die Würzsauce unterrühren.

Optional passt ein Spiegelei und Amazuke-Gemüse (s. S. 73).

Tipp:

Bratnudeln brauchen Platz und gelingen darum besonders gut und schnell auch auf einer Plancha oder einer aufsetzbaren Bratfläche. Besonders lecker: Röstzwiebeln und Koriandergrün darüberstreuen.

Yakimeshi –

Bratreis mit Gemüse

100 g Spitzkohl
Salz
1 Langpaprika
100 g Erbsen (TK)
2 Frühlingszwiebeln
1 Hähnchenbrustfilet ohne Haut
1 TL Sake (optional)
250 g Reis, gekocht und abgekühlt (s. S. 87)
2 TL Mayonnaise
2 Eier
Pflanzenöl zum Braten
Sojasauce
Chili (optional)

Der Bratreis mit Gemüse, Hähnchen und Ei ist traditionell nur sanft gewürzt, die guten Zutaten schmecken für sich. Es spricht aber nichts dagegen, individuell mit Sojasauce oder Chili nachzuwürzen.

Den Spitzkohl fein schneiden und salzen. Die Paprika von Samen und Scheidewänden befreien und fein würfeln, ebenfalls salzen. Die Erbsen in warmes Wasser legen. Die Frühlingszwiebeln fein schneiden, dabei Weiß- und Grün-Anteile trennen.

Das Hähnchenbrustfilet in Würfel von ca. 2 cm schneiden und optional mit Sake marinieren. Den Reis mit der Mayonnaise vermengen und dabei auflockern. Die Eier mit einer Prise Salz schlierig verquirlen.

4 EL Öl in einem Wok oder einer großen beschichteten Pfanne erhitzen, das Hähnchenfleisch rundherum braun braten, beiseiteschieben. Spitzkohl, Paprika und die weißen Teile der Frühlingszwiebeln zugeben und 2–3 Minuten hell anbraten. Den Reis und die Erbsen zugeben und weitere 2 Minuten braten. 1 EL Sojasauce unterrühren.

Alles an den Rand der Pfanne schieben, sodass mittig eine freie Fläche entsteht. 1 TL Öl darin erhitzen, die Eier zugeben und unter gelegentlichem Rühren stocken lassen. Die Eier dann mit den grünen Frühlingszwiebeln und dem Reis mischen, noch 1 Minute weiterbraten, dabei den Reis lockern. Individuell mit mehr Sojasauce und/oder wenig Salz und optional Chili würzen.

Tipp:

Nicht traditionell japanisch, schmeckt aber klasse auch mit Koriandergrün und/oder Basilikum, die frisch geschnitten kurz vor dem Servieren über das Gericht gestreut werden.

Okonomiyaki
– Japanische Gemüsepuffer

O konomi bedeutet: „Präferenz" und *yaki* beschreibt „Gerilltes, Gebratenes". Also: Gebratenes nach Belieben! Diese Puffer empfehlen sich so auch als nachhaltige Leftover-Gelegenheit.

2 Eier
80 ml Dashi plus 1–2 TL
Sojasauce
75 g Mehl (Type 550)
Salz
2 EL Ketchup
2–4 Tropfen Sriracha-Sauce
1–2 TL Worcestersauce
2 EL Mayonnaise
Wasabi-Paste
1 Frühlingszwiebel
100 g Spitzkohl
50 g Karotte
50 g Zucchini
1 Handvoll Sprossen
Pflanzenöl zum Braten
Aonori-Algenpulver (optional)

Die 2 Eier trennen, die Eiweiße kalt stellen. Die Eigelbe mit 80 ml Dashi und 1 EL Sojasauce verrühren. Das Mehl sieben und mit dem Dashi-Ei zu einem glatten Teig verrühren, mit Salz würzen. Klümpchen mit einem Stabmixer entfernen. Den Teig ruhen lassen.

Aus Ketchup, Sriracha- und Worchestersauce eine einfache Okonomyaki-Sauce anrühren. Die Mayonnaise mit 1–2 TL Dashi verrühren und mit Wasabi nach Geschmack schärfen. Okonomiyaki-Sauce und Mayonnaise in getrennte Spritzbeutel mit kleinster Lochtülle füllen. Die Frühlingszwiebel in Ringe schneiden und in kaltes Wasser legen.

Die Eiweiße und eine Prise Salz mit dem Handrührgerät steif schlagen, dann unter den geruhten Teig heben. Den Kohl fein schneiden. Die Karotte schälen und mit der Zucchini grob raspeln, trocken ausdrücken. Das Gemüse salzen und mit den Sprossen unter den Teig rühren. Den Backofen auf 60 °C vorheizen.

1 EL ÖL in einer beschichteten Pfanne (ø ca. 22 cm) erhitzen, mit einem Schöpflöffel ca. ¼ des Teiges hineingießen und auf niedrige bis mittlere Hitze schalten. 3–4 Minuten braten, den Puffer mithilfe zweier Pfannenwender umdrehen und weitere 3–4 Minuten braten.

Herausnehmen und kurz auf Küchenpapier abtropfen lassen. Auf einem Blech im Ofen warm stellen. Auf diese Weise vier Puffer backen. Linien aus Okonomiyaki-Sauce und Mayonnaise auf die Puffer spritzen. Mit Frühlingszwiebelringen bestreuen, optional mit Aonori-Pulver bestäuben. Sofort servieren.

Gesund-Tipp:

Diese Puffer stecken voller Gemüse, während der Teiganteil eher gering ist. Hier zeigt sich wieder das Prinzip des gesunden Tellers: reichlich Gemüse, ein Viertel Getreide und ein Viertel Eiweiß. Protein steckt hier übrigens im Teig in Form von Eiern.

Oshi Sushi Gurke

Einst wurde gesäuerter Reis mit gesalzenen Fischen zu Haltbarmachung in Fässer geschichtete, daraus entwickelte sich das Sushi, wie wir es heute kennen und schätzen. *Oshi Sushi*, geschichtetes Kasten-Sushi, erinnert an diese Geschichte.

Kasten-Sushi
Für 2 Formenfüllungen
(16 Würfel)

400 g Sushi-Reis (zubereitet nach dem Grundrezept auf S. 87)
Wasabi-Paste
2 Bio-Snack-Gurken
Salz
Reisessig
1 rote Langpaprika
1 Nori-Algenblatt
2 TL gerösteter Sesam (s. S. 66)
1 Handvoll Portulak-Salat (Postelein) (oder Brunnenkresse bzw. Kresse)

Wasabi-Mayonnaise
50 g Seidentofu
50 g Mayonnaise
1 EL Dashi
½ – 1 TL Wasabi-Paste oder frisch geriebener Wasabi
1 TL Reisessig
Salz

Tipp:

Oshi-Sushi-Pressformen finden sich im gut sortierten Asia-Laden oder online. Notfalls kann man sich auch mit einem tiefen Kastenblech behelfen und Holzbrettchen zum Beschweren.

Den Reis nach der Grundrezept-Anleitung auf S. 87 zubereiten. Nebenbei ein haselnussgroßes Stück Wasabi mit etwas Wasser verrühren, sodass eine leicht verstreichbare Creme entsteht. Die Gurken ungeschält längs in dünne Streifen schneiden, salzen, mit Reisessig besprenkeln. Die Paprika von Samen und Scheidewänden befreien, in feine Würfel schneiden, ebenfalls salzen und mit Essig besprenkeln.

Für die Wasabi-Mayonnaise den Seidentofu mit Mayonnaise, Dashi, Wasabi, Reisessig und einer Prise Salz in einem hohen Mixbecher mit dem Stabmixer cremig pürieren. Kalt stellen.

Eine hölzerne Oshi-Form (siehe Tipp) in kaltem Wasser mit etwas Essig waschen und feucht mit großzügig überlappender Klarsichtfolie auslegen. Ein Nori-Blatt halbieren, evtl. noch etwas zurechtschneiden und eine Hälfte hineinlegen. Etwa ¼ vom Reis hineingeben und gleichmäßig flach drücken. Dünn mit der Wasabi-Creme bestreichen. Etwa die Hälfte der abgetropften Gurkenscheiben zwischen Küchenpapier abtrocknen, leicht überlappend auflegen. ¼ Reis daraufgeben und andrücken. Die Klarsichtfolie darüber verschließen, den Deckel aufsetzen und pressen, bis ein kompakter Block entstanden ist. Den Block in der Folie aus dem Rahmen nehmen und kalt stellen.

Übrigen Reis mit dem zweiten Algenblatt und den restlichen Gurken auf gleiche Weise und mit frischer Klarsichtfolie in der Form zubereiten. Bis zum Servieren kühl stellen. Jeden Block mit einem scharfen Messer in acht Würfel schneiden, dabei das Messer nach jedem Schnitt unter heißem Wasser reinigen. Mit geröstetem Sesam und Paprikawürfeln bestreuen, mit Portulak oder Kresse garnieren und mit der Wasabi-Mayonnaise servieren.

Gesunde Lieblinge

Somen

Diese traditionellen japanischen Weizennudeln sind fein und sehr dünn. Das macht die Fadennudeln zu Kostbarkeiten, die in buddhistischen Tempeln und kaiserlichen Palästen auf die Teller kommen. Die Nudeln mit kurzer Kochzeit sind getrocknet in Asia-Läden und online sogar in Bio-Vollkornqualität erhältlich.

Soba

Sie bestehen aus Buchweizen, deswegen sind sie glutenfrei und auch für Menschen mit Zöliakie oder Weizensensitivität geeignet. Achtung: Einige Varianten enthalten auch Weizen, daher lieber die Zutatenliste checken. Die langen, schmalen Nudeln sind hell- bis dunkelbraun und haben eine nussige Note. Sie sind erhältlich im Asia-Laden, aber inzwischen auch im Biomarkt oder gut sortierten Supermarkt. Sie kommen traditionell kalt auf den Tisch.

Ramen

Die gelblichen Weizennudeln sind ein Hauptbestandteil der japanischen Ramen-Suppen. Asia-Läden bieten eine Fülle an verschiedenen Ramen-Nudel-Sorten: vorgegart und vakuumiert, getrocknet und manchmal auch tiefgekühlt. Aber auch im Biomarkt oder gut sortierten Supermärkten gibt es immer öfter getrocknete Ramen.

Udon

Sie sind die dicksten Nudeln der japanischen Küche. Das liegt daran, dass sie früher mal Klöße waren, und sich dann erst in eine Nudelspezialität verwandelten. Udon sind weiße Weizennudeln mit seidig-zartem Schmelz, die gerne als sättigende Einlage in Suppen und Eintöpfen zum Einsatz kommen. Du bekommst sie getrocknet oder vorgegart und eingeschweißt im Asialaden, gut sortierten Supermarkt oder online.

Tantanmen-Ramen

Die reichen, cremigen Tantanmen-Ramen entwickeln sich in unseren Ramen-Bars zum Besteller – pikant abgeschmeckt wärmen und stärken sie besonders an kalten Tagen. Das „Hackfleisch“ aus Sojagranulat wird vorab in Brühe und Sojasauce gegart, so schmeckt es besonders aromatisch.

½ Bund grüner Spargel
1 dicke Karotte
80 g Zuckerschoten
Salz
1 Frühlingszwiebel
30 g Sojagranulat
Gemüsebrühe
Sojasauce
1 Stück Ingwer (20 g)
100 ml Dashi
100 ml Sojasahne
120 g Ramen-Nudeln
Pflanzenöl
Chiliöl (oder etwas Sriracha-Sauce)

optional dazu:
eingelegte Eier (s. S. 69)

Die Stiele vom grünen Spargel schälen, die Stangen längs halbieren. Die Karotte schälen und in Streifen schneiden. Die Zuckerschoten längs in Streifen schneiden. Das Gemüse salzen. Die Frühlingszwiebel schräg in feine Scheiben schneiden und in kaltes Wasser einlegen.

Das Sojagranulat im Sieb abbrausen, dann in einem kleinen Topf mit 100 ml Brühe und 2 EL Sojasauce 5 Minuten sanft köcheln lassen. Beiseitestellen und ziehen lassen. In einem zweiten Topf die Ramensuppe kochen: Dazu den Ingwer schälen und fein reiben, mit 300 ml Brühe, Dashi und Sojasahne aufkochen. Eventuell mit einem Hauch Salz abrunden.

Die Nudeln nach Packungsanweisung in Salzwasser garen. Das Öl in einer großen beschichteten Pfanne erhitzen, das Gemüse darin 2–3 Minuten bei niedriger Hitze braten. Das Soja-Hack zugeben und nochmals 2 Minuten braten.

Alles zur Rahmensuppe geben, die Nudeln abgießen, abtropfen und heiß untermengen. Auf vorgewärmte Bowls verteilen, mit abgetropften Frühlingszwiebelringen toppen und individuell mit Chiliöl beträufeln. Dazu schmecken optional eingelegte Eier.

Gesund-Tipp:

Sojagranulat wird aus entfettetem Sojabohnen-Eiweiß hergestellt. Es hat einen relativ neutralen Geschmack und eine fleischähnliche Konsistenz. Das Eiweiß der Sojabohne kann von unserem Organismus ohne großen Umbau direkt verwertet werden. Im Gegensatz zu Fleisch ist das pflanzliche Pendant sogar zusätzlich cholesterinfrei und fettarm.

Tonkatsu –

Schnitzel auf Japanisch

Seit der Öffnung zum Westen, Mitte des 20. Jahrhunderts, entwickelte sich in Japan die westlich inspirierte Yoshoku-Küche mit eigenen Adaptionen beliebter Gerichte anderer Länder. So entstand das berühmte Tonkatsu: paniertes Schnitzel, beinahe Wiener Art, hier aus saftigem Hähnchenfleisch.

Gurkensalat

1 kleine Bio-Salatgurke
Salz
(Reis-)Essig
1 TL Pflanzenöl

Pikanter Paprika-Dip

2 EL Reisessig
2 EL Ahornsirup
4 EL Sojasauce
Sriracha-Sauce
80 g Spitzpaprika
1 Schalotte
Koriandergrün nach Geschmack
1–2 TL Sesamöl

Katsu Sando

2 Hähnchenkeulen (vom Metzger ohne Knochen ausgelöst)
1 EL Sake (optional)
1 Ei
3 EL Mehl
120 g Semmelbrösel
1 TL weiße Sesamsamen (optional)
Pflanzenöl zum Braten

Tipp:

Kalt und auf Sandwichbrot serviert wird aus den Tonkatsu das in Japan äußerst beliebte Katsu-Sando-Sandwich, auf das immer auch Krautsalat (s. S. 120) gehört.

Für den Gurkensalat Gurke streifig schälen, fein hobeln und leicht salzen, mit Essig besprenkeln und beiseitestellen. Erst vor dem Servieren leicht ausdrücken und mit Öl mischen.

Für den Paprika-Dip aus Reisessig, Ahornsirup, Soja- und Sriracha-Sauce nach Geschmack eine Vinaigrette anrühren. Die Paprika von Samen und Scheidewänden befreien, sehr fein würfeln, die Schalotte schälen und ebenso fein würfeln. Den Koriander abbrausen, trocken tupfen und fein schneiden. Paprika und Schalotte mit Koriander und Sesamöl unter die Vinaigrette rühren.

Für die Schnitzel das Keulenfleisch in je zwei Stücke schneiden, optional mit Sake einreiben. Das Ei verquirlen. Die Schnitzel in Mehl wenden, abklopfen und in das Ei tauchen, dann in Semmelbröseln (optional mit Sesamsaat gemischt) wenden. Die Panade gut andrücken.

Den Boden einer großen Pfanne mit Öl bedecken und erhitzen, die Schnitzel darin bei mittlerer Hitze von jeder Seite 3–4 Minuten goldbraun braten. Auf Küchenpapier abtropfen lassen, leicht salzen und mit Gurkensalat und Paprika-Dip servieren. Dazu passt Reis (s. S. 87).

Gesund-Tipp:

Während bei uns Schnitzel häufig mit Pommes oder Bratkartoffeln serviert wird, kommt die japanisch inspirierte Variante gesünder daher: Statt Sahnesauce gibt es einen leichten Dip, Schweinefleisch wird durch Hähnchen und Pommes durch Reis ersetzt, dazu gibt es Gurkensalat. Das zeigt, wie du durch die Prinzipien der gesunden japanischen Küche deine Lieblingsgerichte in ausgewogene Mahlzeiten umwandeln kannst.

Veggie Sushi und Lachs-Sashimi-Platte

Für 2 Personen, (ca. 15 Sushi)

200 g Sushi-Reis (zubereitet nach dem Grundrezept auf S. 87)
½ dicke Karotte
Salz
Reisessig
1 kleine rote Paprikaschote
2 EL Dashi
1 EL Sojasauce
1 EL Mirin
50 g Räuchertofu
1 Nori-Algenblatt
140 g Bio- oder Wildlachsfilet am Stück (entgrätet, ohne Haut)
Wasabi-Paste
Shoyu-Würze „Hausblend" (s. S. 70) (ersatzweise Sojasauce)
eingelegter Sushi-Ingwer
optional etwas Mizuna-Salat und Shiso-Kresse

Den Reis nach der Grundrezept-Anleitung für gesäuerten Sushi-Reis auf S. 87 zubereiten.

Die Karotte schälen, schräg fünf dünne breite Scheiben abschneiden, salzen und mit Essig besprenkeln. Die Paprika von Samen und Scheidewänden befreien, in fünf Spalten schneiden und 10 Minuten in Salzwasser kochen. In kaltem Wasser abschrecken, die Häute abziehen. Dashi, Sojasauce und Mirin verrühren, Karotten- und Paprikastreifen damit marinieren. Den Räuchertofu in fünf möglichst dünne Scheiben schneiden. Vom Noriblatt fünf Streifen von 2–3 cm Breite abschneiden. Den Lachs 5–10 Minuten einfrieren.

Ein haselnussgroßes Stück Wasabi mit etwas Wasser verrühren, sodass eine leicht verstreichbare Creme entsteht. Den Reis zu ca. 15 „Nocken" formen. Arbeite mit Küchenhandschuhen und befeuchte die Handflächen ganz leicht mit Wasser – so bleibt der Reis beim Formen nicht so stark kleben. Die Sushi-Nocken oben dünn mit Wasabi bestreichen und mit den vorbereiteten Auflagen belegen. Den Tofu erst kurz vor dem Servieren über die Reisnocken legen, mit Nori ummanteln.

Den Lachs entgegen der Maserung in Scheiben von ca. 0,5 cm schneiden. Zum Sushi anrichten.

Mit Shoyu-Würze oder Sojasauce, Wasabi und eingelegtem Ingwer servieren. Optional mit Mizuna-Salat und Shiso-Kresse dekorieren.

Gesund-Tipp:

Lachs ist eine bedeutende Quelle für Omega-3-Fettsäuren. Der Gehalt in dem fettem Seefisch ist so hoch, dass du nur eine kleine Menge brauchst, um gut versorgt zu sein. Deshalb gibt's auch Veggie- und Lachs-Sushi gemischt. Omega-3-Fettsäuren sind wichtig fürs Gehirn und die Sehfunktion, wirken gefäßerweiternd und stärken so das Herz-Kreislauf-System und lindern Entzündungen im Körper. Übrigens: Pflanzliche Quellen für Omega-3-Fettsäuren sind Raps-, Lein- oder Hanföl.

Yakitori –

Hähnchenspieße mit Radieschen-Gurken-Salat und Apfelketchup

Radieschen-Gurken-Salat
2 Bio-Snack-Gurken
Salz
8 Radieschen
(Reis-)Essig
1–2 TL Ingwersirup
1-TL Chiliöl
(oder Sesam- oder Pflanzenöl)

Apfelketchup-Dip
3 EL Apfelmark
3 EL Ketchup
1 EL Sojasauce
1–3 TL Sriracha-Sauce

Yakitori
2 Hähnchenkeulen
(vom Metzger ohne
Knochen ausgelöst)
1 EL Sake (optional)
2 Frühlingszwiebeln
6 Shiitakepilze
3 EL Pflanzenöl

Für den Salat Gurke streifig schälen, fein hobeln und leicht salzen. Die Radieschen fein hobeln und auch leicht salzen. Das Gemüse mit Essig besprenkeln, beiseitestellen. Erst vor dem Servieren abtropfen lassen und mit Ingwersirup und Öl mischen.

Für den Ketchup-Dip Apfelmark mit Ketchup, Sojasauce und Sriracha nach Geschmack verrühren.

Für die Spieße das Hähnchenfleisch in mundgerechte Stücke schneiden, optional mit Sake einreiben. Die Frühlingszwiebeln in Stücke von 4 cm schneiden. Die Shiitakepilze von den Stielen befreien, die Hüte halbieren. Alles abwechselnd auf vier Spieße ziehen – dabei sollten die Hautseiten der Hähnchenstücke nach außen zeigen.

Das Öl in einer großen beschichteten Pfanne erhitzen, die Spieße darin bei mittlerer Hitze von jeder Seite 12–15 Minuten braten. Mit Apfelketchup und Radieschen-Gurken-Salat servieren.

Tipp:

Zum Grillen der Yakitori muss die Kohle gut durchgeglüht und von einer weißen Ascheschicht bedeckt sein. Das Grillgitter mithilfe eines Küchentuchs leicht mit Öl einreiben, Vorsicht, heiß! Die Spieße auflegen und unter gelegentlichem Wenden grillen.

Gesund-Tipp:

Wusstest du schon? Während Apfelmus fast immer Zucker zugesetzt wird, besteht Apfelmark nur aus der natürlichen Süße der Äpfel. Es enthält also in Summe weniger Zucker und ist damit die gesündere Alternative.

夕食

Abends

日本 健康

Veggie Style Teppanyaki
mit Pflaumen-BBQ-Sauce

Gemüse, Pilze und Seitan
½ Süßkartoffel
½ Bund grüner Spargel
1 rote Langpaprika
1 rote Zwiebel
4–6 grüne Bratpaprika (Pimientos de Padrón)
2 Scheiben Seitan (ca. 200 g)
2 Kräuterseitlinge
Pflanzenöl
Sesamsalz „Gomasio“ (s. S. 66)
Shichimi Togarashi (ersatzweise frisch gemahlener schwarzer Pfeffer)

Pflaumen-BBQ-Sauce
2 EL dunkle Miso-Paste (z. B. Hatcho Miso)
4 EL Ketchup
1 EL (Reis-)Essig
1 EL Pflaumenmus
geräuchertes Paprikapulver (Pimenton de la Vera) (optional)

Kurzgebratenes von der Teppanyaki-Grillplatte ist ein Vergnügen, mit viel Gemüse eine echte Entdeckung. Die BBQ-Sauce schmeckt natürlich auch zu Fleisch.

Das Gemüse schälen und waschen. Die Süßkartoffel in Scheiben schneiden. Das untere Drittel der grünen Spargelstangen schälen. Die Paprika von Samen und Scheidewänden befreien und in Ringe schneiden. Die Zwiebel in 0,5 cm dicke Scheiben schneiden, dabei darauf achten, dass die Scheiben nicht auseinanderfallen. Das Gemüse, auch die Bratpaprika, salzen und beiseitestellen.

Die Seitan-Scheiben halbieren und auf je zwei Holzspieße ziehen. Die Kräuterseitlinge längs vierteln.

Für die BBQ-Sauce Miso-Paste mit Ketchup, Essig, Pflaumenmus und optional einer winzigen Prise geräuchertem Paprikapulver verrühren.

Die Gemüse kann man auf der leicht geölten Teppanyaki-Grillplatte, der Plancha, dem Tischgrill mit Plancha-Grillaufsatz oder in einer beschichteten Pfanne mit etwas Öl braten. Die Temperatur auf mittlere Hitze regulieren und das Gemüse in wenigen Minuten hellbraun braten, dabei öfters wenden. Sowohl das Gemüse wie auch Seitan, Pilze und Zwiebeln benötigen 6–8 Minuten.

Seitan wie auch die Pilze und das Gemüse können zusätzlich mit Sesamsalz gewürzt und mit Shichimi Togarashi nach Geschmack geschärft werden. Mit BBQ-Sauce servieren.

Tipp:

Dazu passen Krautsalat (s. S. 120) und Umeboshi-Pflaumen (siehe Tipp s. S. 27)

Oden

Japans beliebter Familieneintopf lädt geduldig und hochvariabel die unterschiedlichsten Zutaten zum Bad in der würzigen Brühe – es soll allen schmecken! Gesetzt sind Kartoffeln und Gemüse, eingelegte Eier und Tofu dürfen nicht fehlen. Wichtig: wie in Japan immer Senf dazu reichen.

150 g weißer Rettich
2 schlanke Karotten
1–2 Pak Choi
Salz
120 g Lieblingstofu
(im Bild Nigari-Tofu
mit Hijiki-Seegras)
50 g Udon-Nudeln
Sesamöl
6 kleine Kartoffeln
500 ml Gemüsebrühe
300 ml Dashi
50 ml Sake
50 ml Sojasauce
50 ml Mirin
scharfer Senf
Eingelegte Eier (s. S. 69)

Den Rettich schälen und in zwei Stücke teilen, optional alle Kanten mit dem Sparschäler runden (so macht man es in Japan gerne). Die Karotten schälen und stückig schneiden. Den Pak Choi halbieren, dabei den Strunk belassen, er hält die Hälften im Eintopf zusammen. Das Gemüse salzen.

Den Tofu würfeln. Die Nudeln in Salzwasser nach Packungsanweisung garen, in kaltem Wasser abkühlen, im Sieb abtropfen lassen und mit einem Tropfen Sesamöl (wirklich nur ein Hauch) mischen. Die Kartoffeln schälen und längs vierteln.

Die Brühe mit Dashi, Sake, Sojasauce und Mirin in einem Topf aufkochen. Rettich, Karotten und Kartoffeln einlegen. Zugedeckt 20 Minuten sanft simmernd bei mittlerer Hitze kochen. Nach 15 Minuten den Pak Choi zugeben.

Zum Schluss Tofuwürfel, eingelegte Eier und Nudeln ein paar Minuten in der heißen, abgedeckten Suppe erwärmen. Mit scharfem Senf servieren.

Tipp:

Variiere die Einlagen, z. B. Sprossen, Erbsen, Mais, Brokkoli-Röschen, Lauch, Seitan-Würfel, Shimeji-Pilze ...

Miso-Gemüse-eintopf

Eintöpfe und Hot Pots sind in Japan beliebte Alltagsküche. Dabei wird zunächst eine würzige Brühe gekocht, in der alle Zutaten dann, genau ihrer optimalen Zubereitungszeit entsprechend, in wenigen Minuten perfekt garen.

100 g Brokkoli
200 g Süßkartoffel
200 g (Hokkaido-)Kürbis
100 g grüne Bohnen
2 Stängel (roter) Mangold
Salz
100–150 g Räuchertofu (oder Lieblingstofu)
1 Schalotte
2 EL Pflanzenöl
500 ml Gemüsebrühe
200 ml Dashi
50 ml Sake
2 EL Sojasauce
2 EL Miso-Paste

Den Brokkoli in feine Röschen teilen, die Röschen halbieren. Die Süßkartoffeln schälen und in Scheiben schneiden. Den Kürbis entkernen, in Spalten schneiden, die Spalten nochmals schräg halbieren. Die Bohnen putzen. Den Mangold waschen, die Stiele in Stücke schneiden, zartes Blattwerk mundgerecht zupfen. Das Gemüse salzen und beiseitestellen. Den Tofu würfeln.

Die Schalotte schälen, fein würfeln und in einem Topf im Öl hellbraun anbraten. Mit Brühe, Dashi, Sake und Sojasauce ablöschen. Das Miso einrühren, einmal aufkochen.

Die Hitze etwas reduzieren, Kürbis und Bohnen zugeben und zugedeckt sanft simmernd 3 Minuten garen. Die Süßkartoffeln zugeben und weitere 3 Minuten köcheln lassen. Brokkoli und Mangoldstiele zugeben und nochmals 3 Minuten garen. Tofu und Mangoldblätter zugeben und 2 Minuten mitgaren. Heiß servieren.

Gesund-Tipp:

Das Tolle an einem Gemüseeintopf: Du erreichst spielend die Vorgaben für den gesunden Teller und versorgst dich so mit reichlich Nährstoffpower. An Gemüse kannst du hineinfüllen, was dir schmeckt und was gerade Saison hat. Statt Mangold passt auch Spinat oder Pak Choi, grüne Bohnen kannst du durch Edamame oder Erbsen ersetzen. Bohnen und Tofu sind in diesem Gericht übrigens die Eiweißlieferanten. Richtig gesund und rund wird die Sache, wenn du eine Schale Reis (s. S. 87) dazu isst.

Takikomi Gohan

– Gemischter Reis

150 g Sushi-Reis
4–6 Bundmöhren
80 g grüne Bohnen
Salz
6–8 Shiitakepilze
100 g Blumenkohl
½ schlanke Zucchini
1 Frühlingszwiebel
4 Radieschen
100 g Kichererbsen (Glas)
100 ml Dashi
4 EL Sojasauce
2 EL Edamame-Bohnenkerne (TK, oder Erbsen)
2 EL Pflanzenöl
Sesamsalz „Gomasio“ (s. S. 66)

Den Reis vor dem Kochen nach der Grundrezept-Anleitung auf Seite 87 waschen. Abgetropft im Sieb 30 Minuten ruhen lassen.

Die Möhren schälen, etwas Grün stehen lassen. Die Bohnen putzen. Möhren und Bohnen 3 Minuten in Salzwasser kochen, kalt abschrecken. Von den Shiitakepilzen die Stiele abschneiden, die Hüte achteln. Den Blumenkohl in feine Röschen teilen und salzen.

Die Zucchini längs halbieren und in ca. 0,5 cm dicke Scheiben schneiden, salzen. Die Frühlingszwiebel schräg in feine Scheiben schneiden, Radieschen in Scheiben schneiden, beides in kaltes Wasser legen.

Die Kichererbsen im Sieb abspülen und zum Reis geben. Den Reis mit 100 ml handwarmem Wasser, Dashi, 2 EL Sojasauce und einer Prise Salz in einen (am besten beschichteten Topf) mit Deckel geben. Bohnen und Möhren über dem Reis verteilen. Den Deckel aufsetzen (und während des gesamten Garvorganges nicht öffnen), den Reis aufkochen.

Die Hitze reduzieren und den Reis so lange sanft köcheln lassen, bis der Reis das Wasser absorbiert hat, dies dauert ca. 15 Minuten. Die Edamame zugeben und den Deckel rasch wieder schließen. Den Topf vom Herd nehmen und weitere 10 Minuten im geschlossenen Topf ruhen lassen.

In der Zwischenzeit das Öl in einer großen beschichteten Pfanne erhitzen, den Blumenkohl darin bei mittlerer Hitze 6–8 Minuten braten. Nach 4 Minuten die Zucchini und die Shiitakepilze zugeben und mitbraten.

Den Reis auf gewärmten Tellern ausbreiten, mit dem Gemüse toppen. Mit Frühlingszwiebel, Radieschen und Sesamsalz bestreut servieren.

Gesund-Tipp:

Dieser Gemüsereis ist reich an pflanzlichem Protein. Während tierisches Eiweiß von deinem Körper leicht verwertet wird, weil es alle für den Körper wichtigen Bausteine (Aminosäuren) enthält, fehlen bei pflanzlichem Protein oft einzelne davon. Jede Pflanze bringt eine andere Eiweiß-Zusammensetzung mit. Deswegen meine Empfehlung: Kombiniere pflanzliche Proteine möglichst bunt miteinander.

Gesunde Lieblinge

Sprossen

Keimlinge und Sprossen strotzen vor Ballaststoffen, Vitaminen, Mineralstoffen – durch das Keimen steigt der Nährwert teilweise um das Zehnfache an; Enzyme und Antioxidanzien bekommst du auch gleich dazu. Übrigens: Roh haben Sprossen die beste Nährwertdichte. Wenn du sie kurz erhitzt, gehst du allerdings auf Nummer sicher, mögliche Keime und Bakterien werden zerstört. Du bekommst sie im Asia-Laden, in gut sortierten Supermärkten oder du ziehst sie ganz einfach in 2–3 Tagen auf der Fensterbank.

Fermentiertes Gemüse

Milchsauer fermentiertes Gemüse wird in Japan beinahe zu jeder Mahlzeit gereicht. Die für die Fermentation zuständigen Milchsäurebakterien unterstützen die Verdauung und sorgen für eine stabile Darmflora – unabdingbar für einen gesunden Stoffwechsel. Außerdem kann Fermentieren den Gehalt an Vitaminen und Mineralstoffen in Lebensmitteln erhöhen. In manchen Asia-Läden kannst du fermentiertes Gemüse kaufen, ansonsten online. Auch Selbermachen ist easy (s. S. 78).

Hähnchenfleisch

Es ist eiweißreich und gleichzeitig meist fettarm, zudem enthält es weniger Cholesterin als andere Fleischsorten und ist leichter verdaulich. Bio-Hähnchen sind nicht nur tier- und umweltfreundlich aufgezogen worden, sie haben auch eine bessere Fettsäure-Zusammensetzung, vor allem der Anteil an gesundheitsfördernden Omega-3-Fettsäuren ist höher als bei konventionellen Angeboten. Trotz all der Vorteile empfehlen wir, alle tierischen Produkte nur gelegentlich bewusst zu genießen.

Miso-Auberginen

mit Ingwer-Krautsalat und Wasabi-Rettich

Von den japanischen Miso-Auberginenhälften Nasu Dengaku ist dieses Rezept inspiriert, für das die Auberginenscheiben aber vor dem Braten erst mal in aromatischem Dashi baden, um dann unter einem Miso-Deckchen im Ofen leicht zu karamellisieren.

Miso-Auberginen
1 Aubergine
100 ml Dashi plus 1 EL
50 g Lieblingsmiso
1 EL Sake
1 EL Mirin
Pflanzenöl

Krautsalat
½ Spitzkohl
Salz
1 EL Reisessig
1 EL eingelegter Sushi-Ingwer
1 EL Ingwersud

Wasabi-Rettich
150 g Rettich
Salz
1 Msp. Wasabi-Paste

Für die Miso-Auberginen die Aubergine in ca. 1 cm dicke Scheiben schneiden und in 100 ml Dashi marinieren, das kann gerne schon 1–2 Stunden vor der eigentlichen Zubereitung passieren. Aus Miso, Sake, Mirin und 1 EL Dashi eine cremige Paste anrühren.

Für den Krautsalat den Spitzkohl entstrunken und in möglichst feine Streifen schneiden, salzen. Reisessig, Ingwer und Ingwersud untermischen. Beiseitestellen.

Für den Wasabi-Rettich den Rettich schälen und fein reiben. Trocken ausdrücken und mit einem Hauch Salz und etwas Wasabi-Paste würzen. Zu einer Kuppel formen.

Die Auberginenscheiben zwischen Küchenpapier trocken tupfen und in einer großen beschichteten Pfanne mit etwas Öl portionsweise goldbraun anbraten. Herausnehmen und auf ein Blech mit Backpapier setzen.

Den Backofengrill einschalten. Die Miso-Paste mit einem Teelöffel mittig auf den Auberginenscheiben verteilen. Das Blech in den Ofen schieben, die Auberginen unter dem Grill ca. 6 Minuten leicht karamellisieren (dabeibleiben, ab einem gewissen Punkt geht's sehr schnell).

Heiß mit Krautsalat und Wasabi-Rettich servieren. Dazu passt Reis (s. S. 87).

Kinoko Gohan

– Pilzreis mit Maronen und Omelett

Ein Festessen! Die Pilze lassen sich je nach Marktangebot und Saison variieren.

Den Reis nach Grundrezept auf Seite 87 waschen und abgetropft im Sieb 30 Minuten ruhen lassen. Die Kräuterseitlinge würfeln (andere Pilze mundgerecht putzen).

Den Reis mit 175 ml handwarmem Wasser, Dashi, Sojasauce, Mirin und einer kleinen Prise Salz in einen (am besten beschichteten Topf) mit Deckel geben. Die Maronen über dem Reis verteilen. Den Deckel aufsetzen und den Reis aufkochen. Die Hitze reduzieren und den Reis so lange sanft köcheln lassen, bis er das Wasser absorbiert hat, dies dauert ca. 15 Minuten. Den Deckel während des gesamten Garvorganges niemals öffnen. Die Erbsen zugeben und den Deckel rasch wieder schließen. Den Topf vom Herd nehmen und weitere 10 Minuten im geschlossenen Topf und bis zum Anrichten ruhen lassen.

Derweil das Öl in einer Pfanne erhitzen und die Kräuterseitlinge 4–6 Minuten darin goldbraun anbraten und warm stellen. In einer zweiten Pfanne das Omelett zubereiten.

Dazu die Eier mit Dashi verquirlen und leicht salzen. Die Butter in einer Pfanne bei mittlerer Hitze schmelzen, die Eier hineingeben und unter beständigem Rühren mit zwei Essstäbchen stocken lassen, noch feucht zusammenklappen. Mit den gebratenen Pilzen auf dem Reis anrichten. Mit Daikonkresse bestreut servieren.

Pilzreis
200 g Sushi-Reis
2–3 Kräuterseitlinge (ca. 150 g)
100 ml Dashi
4 EL Sojasauce
1 EL Mirin
Salz
8–10 Maronen
(gekocht und vakkumiert
aus dem (Bio-) Supermarkt)
100 g Erbsen (TK)
3 EL Pflanzenöl

Omelett
3 Eier
2 EL Dashi
Salz
20 g Butter
½ Kästchen Daikonkresse

Tipp:

Dazu passen erfrischende Amazuke, wie z. B. Rote-Rettich-Shio-Zuke (s. S. 73, im Bild in Streifen geschnitten)

Nabe –

Gemüseeintopf mit Lachs

2 Tranchen küchenfertiges Lachsfilet auf der (geschuppten) Haut (à 100–120 g)
Salz
½ Kohlrabi
½ kleiner Spitzkohl (ist er größer, reicht ¼)
300 g Blattspinat
120 g Ramen-, Somen- oder Soba-Nudeln
50 g Shimeji-Pilze (Buchenpilz)
1 Frühlingszwiebel
80 g Rettich
6–8 dicke Radieschen
500 ml Gemüsebrühe
100 ml Dashi
100 ml Sake
50 ml Sojasauce
2 EL Mirin

Das Lachsfilet (die Haut stabilisiert das Filet und kann später einfach abgezogen werden) salzen und beiseitestellen. Den Kohlrabi schälen, achteln, optional alle Kanten mit dem Sparschäler runden (so macht man es in Japan gerne). Den Spitzkohl halbieren, den Strunk belassen, er hält die Viertel in der Suppe zusammen. Den Spitzkohl ebenfalls vorsalzen. Den Spinat putzen, waschen und trocken schleudern.

Die Nudeln in Salzwasser nach Packungsanweisung garen, in kaltem Wasser abkühlen, im Sieb abtropfen lassen. Shimeji-Pilze säubern, aber zusammenlassen, den Strunk nur etwas kürzen.

Die Frühlingszwiebel in Ringe schneiden und in kaltes Wasser legen. Den Rettich schälen. Radieschen und Rettich getrennt voneinander fein reiben, trocken ausdrücken und nur leicht salzen. Zur Kuppeln formen. Geriebener Rettich wird in Japan gerne als kühlend-erfrischende Beigabe zu allerlei Gerichten serviert.

Die Brühe mit Dashi, Sake, Sojasauce und Mirin in einem Topf aufkochen. Kohlrabi und Spitzkohl einlegen, zugedeckt 5 Minuten bei mittlerer Hitze simmern lassen. Den Lachs einlegen und weitere 3 Minuten sanft köcheln. Spinat und Pilze zugeben und nochmals 3 Minuten köcheln lassen. Zum Schluss die Nudeln in der heißen Suppe erwärmen. Mit Rettich, Radieschen und abgetropften Frühlingszwiebelringen servieren.

Tipp:

Zur Suppe passt auch zusätzlich gekochter warmer Reis (s. S. 87). Nicht so ungewöhnlich, auch meine Großmutter servierte zu klaren Suppen Nudeln und Reis, um wirklich alle satt zu bekommen.

Miso-Chicken-Pasta

Die Hähnchenbrustfilets schon am Vorabend marinieren und über Nacht zugedeckt im Kühlschrank ziehen lassen – so gelingt das Fleisch unvergleichlich zart, saftig und würzig. Aber auch ohne Huhn schmeckt die einfache Miso-Pasta cremig-grandios.

1 EL Sake
(ersatzweise Wasser)
helle Miso-Paste
1 Hähnchenbrustfilet
ohne Haut
1 dicke Karotte
1 Zucchini
Salz
1 EL Pflanzenöl
150 g Ramen-Nudeln
(oder Spaghettini)
200 ml Hühner-
oder Gemüsebrühe
50 ml Sojasahne

Sake und 1 TL Miso verrühren, die Hähnchenbrust damit einreiben und am besten über Nacht im Kühlschrank marinieren lassen.

Die Karotte schälen und mit dem Gemüsehobel oder dem Julienneschneider in Streifen schneiden. Die Zucchini ungeschält in Streifen schneiden, das Kerngehäuse entfernen. Das Gemüse mit Salz würzen und beiseitestellen.

Marinade vom Hähnchenfleisch abspülen, trocken tupfen und in mundgerechte Würfel schneiden. Das Öl in einer großen beschichteten Pfanne erhitzen, das Fleisch darin bei mittlerer Hitze 8–10 Minuten braten. Nebenbei die Nudeln nach Packungsanweisung in Salzwasser garen, das Gemüse in der letzten Minute mitkochen.

In einem zweiten Topf die Brühe mit 50 g Miso und Sojasahne verrühren und einmal aufkochen. Nudeln und Gemüse abgießen, abtropfen und mit den Hähnchenwürfeln untermengen. Eventuell mit einem Hauch Salz final abrunden und heiß servieren.

Tipp:

Die Pasta lässt sich individuell schärfen mit fruchtig-mildem Piment D'Espelette oder Chili-Öl.

Gesund-Tipp:

Hähnchenbrust enthält viel sättigendes Eiweiß, ist aber gleichzeitig fett- und cholesterinarm. Außerdem liefert es Eisen (wichtig für die Sauerstoffversorgung im Blut) und Zink (wichtig für die Immunabwehr und gesunde Zellen).

Pinienkern-Maronen-Nudeln

mit Sauerkrautsalat „Kimuchi“

Kimuchi
400 g saftiges Sauerkraut
1–3 Msp. Chiliflocken (z. B. Piment D'Espelette oder koreanisches Gochugaru)
1 Stück Ingwer (30 g)
1 Apfel
1 Karotte
1 Frühlingszwiebel
Salz

Pinienkern-Maronen-Nudeln
150 g Udon-Nudeln
Salz
80 g Edamame-Bohnenkerne
20 g Pinienkerne
6–8 gekochte Maronen
2 EL Nuss- oder Pflanzenöl
4 EL Dashi
3 EL helle Sojasauce

Tipp:

Edamame bekommst du mittlerweile auch im gut sortierten Supermarkt, tiefgekühlt, in der Schote und als ausgelöste Bohnen. Wenn du Schoten gekauft hast, ergeben ca. 180 g die entsprechende Menge Bohnen fürs Rezept.

Kimchi kommt eigentlich aus der koreanischen Küche, erfreut sich aber in Japan größter Beliebtheit: japanisches Kimchi „Kimuchi“ ist etwas milder als das Original.

Für das Kimchi Sauerkraut in einer Schüssel nach Geschmack mit Chili mischen. Ingwer und Apfel schälen, den Apfel grob raspeln, den Ingwer fein. Beides untermengen. Die Karotte schälen und in feine Streifen schneiden oder hobeln. Die Frühlingszwiebel waschen. Längs halbieren und in 1–2 cm lange Stücke schneiden. Das Gemüse salzen und unterrühren. Alles mit Einweghandschuhen kräftig durchkneten. In ein sauberes Schraubglas füllen und zusammendrücken. Im Kühlschrank aufbewahrt hält das Kimuchi 1–2 Wochen – und wird nur besser!

Die Udon-Nudeln nach Packungsanweisung in Salzwasser garen, die Edamame in den letzten 4 Minuten mitgaren. Die Pinienkerne in einer Pfanne ohne Fett goldbraun rösten. Die Maronen zerbröseln und unterrühren. Die Pfanne vom Herd ziehen, Öl, Dashi und Sojasauce zugeben. Nudeln mit Edamame abgießen und tropfnass und heiß untermengen. Evtl. noch leicht salzen und mit Kimuchi servieren.

Gesund-Tipp:

Achte beim Sauerkraut darauf, frisches, unpasteurisiertes (nicht wärmebehandeltes) Kraut zu kaufen. Das gibt es beispielsweise auf (Bauern-)Märkten oder im Biomarkt in der Kühltheke. Nur solches enthält zahlreiche aktive Milchsäurebakterien, die deinem Darm guttun und die Gesundheit fördern. Auch Vitamin C, das natürlicherweise reichlich in Sauerkraut vorkommt, wird durch Hitze zerstört.

Gebratene Pilze auf Endiviensalat

mit Seidentofu-Dressing „Ponzu-Style“

Pilze und Salat
1 Handvoll Blätter Endiviensalat
1 Handvoll lila Zupfsalat (z. B. Bulls-Blood-Salat)
250 g gemischte Pilze (z. B. Shiitake, Champignons, Kräuterseitlinge, Shimeji-Pilze)
1 Frühlingszwiebel
1 EL Pflanzenöl
2 Scheiben Vollkorn- oder Dinkeltoast
50 g Blaubeeren

Seidentofu-Dressing „Ponzu-Style“
100 g Seidentofu
1 EL Mayonnaise
1 TL scharfer Senf
Saft von 1 Mandarine (oder 1 EL Orangen-Direktsaft)
1 EL Zitronensaft
1 EL Ahornsirup
1 TL Sojasauce
Salz

Den Salat putzen, waschen und trocken schleudern. Für das Dressing den Seidentofu mit Mayonnaise, Senf, Mandarinen- und Zitronensaft, Ahornsirup und Sojasauce in einem hohen Becher mit dem Stabmixer pürieren. Das Dressing mit Salz und Zitronensaft abschmecken.

Die Pilze nach Bedarf mit einer Bürste oder Küchenpapier säubern. Shiitakepilze vom Stiel befreien, größere Hüte halbieren. Champignons in Scheiben schneiden, Kräuterseitlinge in Scheiben schneiden oder grob würfeln, die Shimeji-Pilze vom Sockel schneiden.

Die Frühlingszwiebel waschen und schräg in 2–3 cm lange Stücke schneiden. Eine beschichtete Pfanne stark erhitzen, die Pilze hineingeben, 2–3 Minuten trocken anbraten und nur gelegentlich durchschwenken. Dann erst Öl und die Frühlingszwiebel zugeben und weitere 2–3 Minuten braten. Mit Salz würzen.

Die Brotscheiben toasten und in Streifen schneiden. Den Salat auf Tellern mit den Pilzen anrichten, mit Blaubeeren bestreuen und mit Dressing besprenkelt servieren. Die Toaststreifen dazu reichen.

Gesund-Tipp:

Für ein Gesundheits-Upgrade kannst du den Toast auch gegen eine Scheibe Vollkornbrot austauschen. Das bringt noch mehr Ballaststoffe mit – gut für deine Verdauung – und du bleibst länger satt. Auch Eiweiß trägt zur Sättigung bei. Hähnchenbruststreifen, Linsen oder Edamame sind gute Lieferanten, die du einfach noch zugeben kannst.

Gesunde Lieblinge

Ei

Neben Tofu liefern Eier reichlich Protein in hervorragender Qualität, sodass es der Körper praktisch zu 100 % verwerten kann. Außerdem enthalten Eier viel Vitamin A – wichtig für Augen und Sehkraft. Das Cholesterin im Eigelb beeinflusst den Cholesterinspiegel kaum. Daher gibt es für Ei-Genuss bei Gesunden theoretisch keine Höchstgrenze. Aber: Tierische Produkte bitte maßvoll genießen.

Edamame

Der dritte Protein-Provider im Bunde heißt Edamame. Es handelt sich dabei um unreif geerntete Sojabohnen mit mild-nussigem Aroma. Sie sind reich an Ballaststoffen (gut für Sättigung und Verdauung), Vitaminen wie A, C und E sowie verschiedenen Mineralstoffen. Edamame bekommst du mit oder ohne Schoten in Asia-Läden oder gut sortierten Supermärkten entweder frisch in der Kühltheke, tiefgekühlt oder in Dosen.

Tofu

Der wichtige Eiweißlieferant wird aus Sojabohnen bzw. Sojamilch hergestellt, zu einer quarkähnlichen Masse ausgefällt und in Form gepresst. Ungepresster Sojaquark kommt als Seidentofu in den Handel. Er hat einen höheren Wasseranteil und einen milden Geschmack. Geräucherte Tofu-Blöcke heißen im Handel Räuchertofu. Sojabohnen wachsen übrigens auch bei uns und in Nachbarländern wie Österreich und Frankreich. Vor allem Bio-Tofu-hersteller setzen darauf.

Spargel

mit Seidentofu-„hollandaise“ und Furikake-Kartoffeln

Furikake-Kartoffeln
600 g Kartoffeln
Salz
1TL Butter
1 TL Nussöl
(ersatzweise Pflanzenöl)
2 EL Gewürztes Sesamsalz
„Furikake“ (s. S. 66)

Spargel
1 kg weißer Spargel
Salz

Seidentofu „hollandaise“
2 Schalotten
1 TL Butter
100 ml Sake
300 ml Gemüsebrühe
100 ml Dashi
100 g Seidentofu
1 EL Mirin
Salz
½ Bio-Zitrone

Anrichten
Schnittlauch
Erbsensprossen (optional)

Heimischer Spargel trifft auf japanische Aromenwelten – ein außergewöhnliches Gipfeltreffen zur Spargelsaison!

Die Kartoffeln mit Schale in Salzwasser gar kochen, kalt abschrecken, leicht ausdampfen lassen, dann pellen. Den Backofen auf 80 °C vorheizen. Die Butter mit Nussöl erwärmen und die Kartoffeln darin schwenken. Im Topf in den Ofen geben und warm stellen. Erst kurz vor dem Servieren in Furikake rollen.

Den Spargel schälen, die Enden abschneiden. Schalen und Abschnitte kurz durchwaschen und in einem Topf zweifingerbreit mit Salzwasser bedeckt aufkochen. 1 Minute kochen lassen. Die Schalen mit einer Schaumkelle entfernen. Die geschälten Spargelstangen zugeben und je nach Dicke und Geschmack 8–12 Minuten bissfest bis weich köcheln (Garfortschritt mit einem Spieß prüfen, den Widerstand spüren).

In der Zwischenzeit für die Hollandaise die Schalotten schälen und fein würfeln, in einem Topf die Butter zerlassen und die Schalotten darin glasig dünsten. Mit Sake ablöschen und aufkochen. Brühe und Dashi zugießen und 5 Minuten offen sanft köcheln lassen. Tofu und Mirin zugeben. Die Sauce mit dem Stabmixer pürieren und durch ein Sieb gießen. Mit Salz, 1 TL abgeriebener Zitronenschale und einem Spritzer Zitronensaft abschmecken.

Den Schnittlauch in Röllchen schneiden. Die Sauce erwärmen und nochmals schaumig aufpürieren.

Den Spargel heiß auf vorgewärmten Tellern anrichten, mit der Sauce übergießen, mit Schnittlauch bestreuen und optional mit Erbsensprossen toppen. Mit Furikake-Kartoffeln servieren.

Gesund-Tipp:

Zu Spargel gehört klassischerweise eine samtige Hollandaise. Sie ist sehr gehaltvoll, da sie zu großen Teilen aus Butter besteht. Deswegen haben wir uns für dich eine gesunde, japanisch inspirierte Alternative ausgedacht, mit deutlich weniger Butter.

Abend-Ramen

Die Abend-Ramen ist ein Fest – und die Gästeliste variabel! Hier ein paar Vorschläge.

6–8 Shiitakepilze
120–150 g Stängelbrokkoli*
(wilder Brokkoli)
Salz
1–2 Frühlingszwiebeln
1 EL weiße und schwarze Sesamsamen, gemischt
4 EL Pflanzenöl
120–150 g Ramen-Nudeln
400 ml Gemüsebrühe
100 ml Dashi
50 ml Sake
4 EL Sojasauce
1 EL Mirin
Roter Rettich-Amazuke (s. S. 73, in Streifen geschnitten)
Shichimi Togarashi
(oder Chili)

optional dazu:
eingelegte Eier
(z. B. Rote-Bete-Tamago
(s. S. 69)

Die Shiitakepilze vom Stiel befreien, die Hüte halbieren. Die Stiele des Stängelbrokkoli mit dem Sparschäler schälen und längs halbieren, salzen und beiseitestellen. Die Frühlingszwiebeln schräg in feine Scheiben schneiden und in kaltes Wasser einlegen.

Die Sesamsamen in einer Pfanne ohne Fett rösten, bis die hellen Körner goldbraun sind. Leicht salzen und abkühlen lassen.

Das Öl in einer großen beschichteten Pfanne erhitzen, den Brokkoli darin 3–4 Minuten bei niedriger Hitze braten. Die Shiitake zugeben und 3–4 Minuten weiterbraten.

Die Nudeln nach Packungsanweisung in Salzwasser garen. Brühe, Dashi, Sake, Sojasauce und Mirin in einem Topf aufkochen. Eventuell mit einem Hauch Salz abrunden. Die Nudeln abgießen und heiß zugeben. Auf Bowls verteilen.

Mit Gemüse, rotem Rettich, Sesam und den abgetropften Frühlingszwiebeln toppen. Mit Shichimi Togarashi zum individuellen Schärfen servieren.

Dazu schmecken optional eingelegte Eier.

Varianten:

- Klappt auch mit kleinen, halbierten Brokkoli-Röschen
- Wer mag, kann sich auch andere Pilze wie Champignons oder Pfifferlinge braten.
- Die Nudeln lassen sich ebenfalls variieren, sogar Spaghettini gehen.
- Toll auch mit etwas Spinat, der in der Brühe wie von selbst zusammenfällt.
- Wer mag, kann sich auch noch ein paar Würfel Bio-Lachs dazu braten oder in der Brühe in wenigen Minuten gar ziehen lassen. Klasse auch mit Garnelen, die ebenfalls in wenigen Minuten in der Brühe garen.

Register

Vegan

Vegetarisch

Ohne Milch

Glutenfrei

Zuckerfrei

Starke Darmflora

Eiweißreich

Team

Sarah Schocke ist Ökotrophologin und erfolgreiche Buchautorin. Aus ihrer Feder stammen über 40 Koch- und Ernährungsbücher, sie ist u. a. Expert-Circle-Mitglied bei Nutrition Hub und immer mal wieder als Ernährungsexpertin zu Gast im WDR-Fernsehen. Ihr Anliegen ist es, jedem einen einfachen Zugang zu gesunder Ernährung zu ermöglichen. In enger Zusammenarbeit mit dem Japan-Experten Stevan Paul hat sie für dieses Buch die gesundheitlichen Vorteile traditioneller japanischer Ernährung herausgestellt und alltagstauglich übersetzt.

Mehr unter www.alexundsarah.de
oder bei Instagram/familien_essen.

Stevan Paul ist Food- & Travel-Journalist, freier Autor und gelernter Koch. Schon seit seiner Lehrzeit liebt er die japanische Küche und hat im Hölker Verlag zwei Bücher dazu veröffentlicht: Meine japanische Küche (2017) und Meine grüne japanische Küche (2021). Für dieses Buch hat er, in enger Zusammenarbeit mit Autorin Sarah Schocke, die Rezepte entwickelt.

Mehr zu Stevan Paul auf:
instagram.com/stevanpaul.de

Andrea Thode wurde 1972 in Norditalien geboren, lebt aber seit seiner frühen Kindheit in Hamburg. Nach seiner Ausbildung zum Fotografen hat er sich zunächst in diversen Berufen geübt, bevor er schließlich als fester Fotograf für das Magazin *Effilee* Reisen, Reportagen und Stillleben rund um das Thema Essen und Trinken bebildert hat. Seit 2012 arbeitet er leidenschaftlich als freischaffender Fotograf für verschiedene Redaktionen und Werbekunden mit dem Schwerpunkt Food.

www.andreathode.de

Meike Graf hat nach ihrem Abitur eine Ausbildung zur Dekorateurin gemacht und arbeitete zunächst als freiberufliche Stylistin und Produzentin im Interieur- und Still-Life-Bereich. Ihre Leidenschaft für gutes Essen und Kochen brachte sie zur Food-Fotografie, wo sie als Stylistin Farben, Stoffe und Requisiten kreativ miteinander kombiniert, um das Essen ideal in Szene zu setzen. In Zusammenarbeit mit Stevan Paul und Andea Thode hat sie bereits für drei Kochbücher bzw. Magazine zum Thema „Japanische Küche" das Styling übernommen und dabei die asiatische Kochkunst immer besser kennen und lieben gelernt.

Julia Bauer arbeitet als freie Lektorin, Ghostwriterin und Projektmanagerin in Berlin. Sie ist Spezialistin für den Bereich Kulinarik, widmet sich aber auch gerne anderen Lifestyle-Themen. Ihr Handwerk erlernte sie bei einem Fachverlag für Gastronomie. Die enge Zusammenarbeit mit Sterneköchen, Patissiers und Meisterbäckern machte sie schließlich zur Expertin für Koch- und Backbücher und ließ ihre Liebe zum geschriebenen Wort, guten Büchern und ebensolchem Essen noch wachsen.

www.julia-bauer.berlin

Danke

Ein Buch zu gestalten, ist immer Team-Arbeit. Ich durfte für dieses Buch mit einem ganz wundervollen Team zusammenarbeiten. Und Stevan Paul verdanke ich, dass ich überhaupt mit an Bord bin – denn er holte mich dazu. Ich freue mich, dass du dich auf das Experiment eingelassen hast, ein Buch mit mir im Team zu schreiben – es hat mir viel Spaß gemacht. Obwohl wir beide schon alte Bücherhasen sind, hast du mir gezeigt, wie besonders Büchermachen mit dir sein kann, und hast mir damit ganz nebenbei wieder die Augen dafür geöffnet, was ich so sehr liebe: gute Bücher!

Danke, Stevan Paul, für deine Energie, deine Inspiration, deine Begeisterung. Und natürlich für deine mega Rezepte sowie dafür, dass du es ausgehalten hast, wenn ich die Gesundheits-Bremse eingelegt habe.

Danke, Franziska Grünewald, Muriel Magon und Anna Louisa Duckwitz aka Team Hölker. Ihr wart spitze, habt das Buch vor euch gesehen, als es „nur" eine Idee war, habt an uns und das Projekt geglaubt, aus jedem das Beste herausgeholt und vor allem aus allen Solo-Artisten ein Team gemacht. Danke für Feedback, Verbesserungen und Leidenschaft.

Danke, Andrea Thode, für deine wunderschönen Bilder und dafür, dass du mir gezeigt hast, dass da mehr geht als nur „lieb in die Kamera lächeln". Deine Bilder bringen die Rezepte zum Leuchten und machen Lust, sich sofort an den Herd zu schwingen.

Ganz lieben Dank auch an deinen, Andrea, großartigen Kollegen **Volker Lammers**, der uns wunderbar und ehrenamtlich einzeln als Team eingefangen hat. Seine Polaroid-Kunst ist großartig. Mehr: https://www.volkerlammers.de/

Danke, Meike Graf. Für deinen geübten Blick, sicheres Zupfen und die Liebe fürs Detail. Du bringst Japan in die Bilder und setzt mit besonderen Highlights und gekonntem Auge Stevans top gestylte Gerichte perfekt in Szene.

Danke, Julia Bauer, fürs Worte-Schleifen, Text-noch-auf-die-Seite-quetschen-und-es-dennoch-luftig-aussehen-Lassen, fürs Nachfragen, Polieren und Rund-Machen.

Danke, Andrea Högerle, für das lässige, stimmige Layout und die grandiosen Aufmacher. Du hast „Japan" und „gesund" perfekt gematcht.

Und ein dicker Dank an alle, die ich hier nicht namentlich auflisten kann, die aber auch mit an diesem Buch beteiligt sind: Korrektorat, Herstellung, Druckerei, Buchbinderei, Auslieferung ... ein Rad greift ins andere und am Ende ergibt das dieses schöne Buch. Ich bin dankbar, Teil des großen Ganzen sein zu dürfen.

Auf den Geschmack gekommen?

Schau dir auch unsere Kochbücher von Japan-Experte Stevan Paul an!

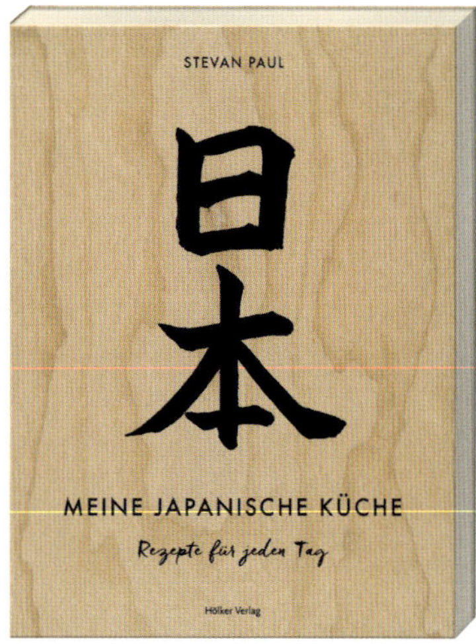

5 4 3 2 1 27 26 25 24 23
ISBN 978-3-88117-275-2

Texte: Sarah Schocke
Rezepte und Foodstyling: Stevan Paul
Rezeptfotografie: Andrea Thode
Styling: Meike Graf
Set-Assistenz: Julia Ewers
Grafische Gestaltung und Satz: Jefferson & Högerle
Redaktion: Muriel Magon und Anna Louisa Duckwitz
Lektorat: Julia Bauer
Herstellung: Anja Bergmann
Litho: FSM Premedia GmbH & Co. KG, Münster

www.hoelker-verlag.de